DISCOVRS EXECRABLE DES SORCIERS.

Ensemble leur Procez, faits depuis deux ans en çà, en diuers endroicts de la France.

Auec vne Instruction pour vn Iuge, en faict de Sorcelerie.

Par HENRY BOGVET, *grand Iuge au Comté de Bourgongne.*

Reueu, & corrigé de nouueau.

Seconde Edition.

A PARIS,
Chez DENIS BINET, en la Court de Bauiere pres la porte Sainct Marcel.

M. DCIII.

SONNET DE L'AVTHEVR.

R'Abbaisser par le fer la sourcilleuse audace.
Des ennemis iurez de son Prince & son Roy.
Remettre le suiect rebelle sous sa loy,
Mourir la picque au poing, & l'horreur sur la face,

Ce sont actes communs à ceux de vostre race,
Qui brauement portez d'vne ame sans effroy,
Ont les armes suyui: vos freres en font foy,
Ayans tous imité de leurs ayeuls la trace.

Et vous qui dignement tenez ça bas le lieu
De Pasteur, & Prelat: vous vengez le haut Dieu
De ses plus grands haineux, des sorciers execrables.

Voilà donc comme vous, & les vostres encor
Vous vous entez au ciel vn souuerain thresor.
Et rendez à iamais vos noms recommandables.

A MONSEIGNEVR, MONSEIGNEVR L'ILLVSTRISSIME ET REVERENDISSIME

Archeuesque de Besançon, M. Ferdinand de Rye, Prince du S. Empire Romain, Abbé de S. Oyan de Ioux dict de S. Claude, Cherlieu, &c.

MONSEIGNEVR. C'est à vous, à qui est deu l'honneur, de ce que vostre terre de S. Claude est en partie repurgée des sorciers, vermine qui pulluloit des-ja de long temps, & qui eust infecté beaucoup de lieux, sans le soin, que vous auez prins de la faire extirper. Messieurs voz freres, Ie dy ces trois foudres de Mars, ont faict là guerre aux ennemis de leurs Princes. Mais vous-auez combatu les plus grãds ennemis, que le ciel eut ça bas. De façon, que cóme la gloire de ceux-là doit viure eternellemẽt pour leurs beaux & belliqueux exploits, la vostre aussi pour vne si pieuse intention ne verra iamais le trespas. Or i'ay dressé vn petit discours sur ce, qui s'y est passé touchant ceste miserable secte de gens, à fin que vn chacun recognoisse l'ardeur, que vous auez eu de leur faire rendre les derniers abbois, lequel aussi ie vous voue, comme à l'autheur, apres Dieu, du bien, qui en reussit. Vous suppliant tres-humblement de le receuoir de bon œil, tout ainsi qu'il vous a pleu tousiours honorer de vos faueurs celuy, qui vous l'offre, & lequel demeurera à iamais,

Vostre tres-humble seruiteur,

HENRY BOGVET.

PREFACE DE L'AVTHEVR.

C'EST merueille, que nous voyons encore pour le iourd'huy des personnes, qui ne croyent point, qu'il y ayt des sorciers. I'estime quant à moy, que ces gens là sçauent bien le contraire en leur ame, mais qu'à droit propos ils ne le veulent pas confesser. Car les Payens leur monstrent en cela leur leçon, les loix Canoniques, & Ciuiles les combattent: la saincte Escriture les dement: les confessions volontaires, & reiterées des sorciers les condamnent: les iugemens rendus en diuers lieux contre les accusez leur ferment la bouche. Ie ne sçay si i'oseroy dire, qu'il y a plus d'apparence, qu'ils sont de la partie, qu'autrement. Et certes ie ne doute point, qu'il n'y en ayt, & croy qu'il fasche a quelques autres d'admettre les sorciers, pour ce que peut estre, ils en sont descendus: de facon que pour excuser leurs predecesseurs, ils voudroyent, que l'on creust fermement, qu'il n'y a point de Sorciers au monde. Cependant la chose n'est pas de si petite consequence, que plusieurs pensent. D'autant que par ce moyen

Cõtreceux qui disent qu'il n'y a poinct de sorciers.

Cõme les sorciers eschappent.

les sorciers eschappent pour la plus part, au grand interest du public, & des-auantage de l'honneur de Dieu, lequel nous deuons auoir en recõmandation sur toutes choses, sans permettre que Satan amplifie plus auant son regne, comme il faict par la damnable intention de ses supposts.

chose estrãge, que l'õ conte de sorciers.

Ie ne nie pas que ce que l'on rapporte des sorciers ne soit fort estrange: Car l'on trouue bien nouuelle la figure dont se reuest Satan lors qu'il les aborde. L'on admire leur transport au sabbat. L'on s'esmerueille de leur offertoires, de leurs danses, de leurs baisers honteux, de leurs festins, & de leurs accouplements charnels auec leur maistre. L'on ne peut comprendre comme ils fabriquent la gresle, & la tempeste pour gaster les fruicts de la terre, & comme ils font mourir vne personne, & rendent le bestail malade. L'on estime pour vne chose impossible que les sorciers transportent le blé d'vn champ, & qu'ils fassent aller le laict d'vne Vache en la tetine d'vne autre. L'on ne sçait comme ils font pour enuoyer des Demons, & malins Esprits au corps d'vne personne, ou bien comme ils se changent en loups. Bref l'on tient les œuures des sorciers pour surnaturelles, & miraculeuses, & pour cela l'on n'y peut adiouster foy.

Voy Grillãd de sortil. q. 6. n. 1. & seq.

Mais quoy? Ne sçauons nous pas combien grãd est le sçauoir & experience des Demons? Il est asseuré qu'ils ont une cognoissance profonde de toutes choses. Car il n'y a Theologien qui puisse mieux interpreter la saincte Escriture qu'eux. Il n'y a Iurisconsulte qui sçache mieux que c'est des testaments, des contracts, & des actions. Il n'y a Medecin, ny phylosophe qui entende mieux la composition des corps humains, & la vertu des Cieux, des Estoilles, des Oyseaux, des Poissons, des arbres, des herbes, des metaux, & des pierres. Il y a de plus, que comme ils ont une mesme nature aue les Anges, il faut que tous corps leur obeyssent quant au mouuement local. Mais d'auantage, ne sçauons nous pas combien grande est la puissance que Dieu en mots expres leur a baillé sur Terre? Le discours de Iob nous l'apprent si ouuertement qu'il n'est ia besoing d'en auoir d'autres preuues. Mesmes que Dieu dict, qu'il n'y a puissance en Terre qui soit à paragonner à celle de Behemot.

To° corps obeyssent aux demõs quant au mouuemẽt local.

La puissãce que Dieu a baillé aux demõs sur terre, grande.

Que s'il est ainsi que Satan soit tel, pourquoy ne pourra il pas faire les œuures dont nous venons de discourir? Ie dy encores que cela luy est de tant plus facile que toutes ses œuures se font naturellement. Car aussi les Demons ne besongnent iamais que par les causes secondes, & naturelles, encores que pour la vistesse, & subtilité dont ils vsent en leurs actions, il semble que ce qu'ils font soit miracle, qui ne leur peut ce pendant iamais

Toutes les œuures des demons se font naturellement.

Les demõs ne peuuẽt faire des miracles.

Psal. 85.

estre attribué, pource qu'il appartient à Dieu seul, selon que dict le Psalmiste.

Satan besongne quelquefois par illusion.

C'est celuy-là, qui seul faict des miracles, Satan a d'autres fois besongné seulement par illusion, en troublant, & esblouyssant les yeux, ou la fantasie de l'homme, comme il aduient aux Lycanthropes, & à ceux qui les iugent tels. Ce qu'il faict toutesfois tousiours naturellement.

Il n'est pas aux sorcier de venir à bout de tout ce que font les demons.

Mais vous me direz que mon propos est des œuures des Sorciers, & non pas de celle de Satan. Ie respond, qu'à la verité il n'est pas en la puissance de Sorciers de venir à bout de tout ce que font les Demons, mais ils en font bien vne partie. Pource qu'ils apprendront de leur maistre à composer vn poison, qu'ils verseront secrettement dans le pottage de leur ennemy, lequel ayant humé ce poison tombera malade, & languira, ou mourra subitement selon la force & vertu du venin, qui aura esté donné. C'est ainsi encores, que ces malheureuses gens baillent des maladies de teste, de pieds, d'estomach, de lepre, d'epilepsie, d'enfleure, & autres semblables. Ce n'est pas tout, ils entreront de nuict sous la conduicte de Satan en la maison de quelqu'vn, & là l'esgorgeront dans son lict. Ils courront d'ailleurs parmi les champs, & les rochers sous apparence de loups, & tueront en ceste sorte qui vne beste, qui vn enfant. En somme ils ont dix mille moyens pour en-

dommager d'eux-mesme les personnes, le bestail, & les fruicts de la Terre, à l'aide, & assistance du Diable.

Le plus souuent ils n'ont que l'intention de nuire, & ce pēdant Satan execute ce qu'ils ont en volonté de faire. Nous en auons beaucoup d'exemples: comme quand les Sorciers touchēt quelqu'vn de la main, ou d'vne baguette, ou que ils routissent vne image de cire, ou bien qu'ils prononcent quelque parolles pour faire mourir, ou rendre malade la personne.

Les sorciers n'ōt le plus souuēt que l'intention de nuire, & ce pendant Satan execute.

Car ny l'attouchement, ny l'image de cire, ny la parolle ne seruent d'autre chose sinon, d'vn signal de la paction que le sorcier a auec le Diable, lequel donne la mort, ou la maladie en ce cas par quelques moyens secrets. Ce qu'il ne pourroit faire, peut estre, si l'intention, & volonté du sorcier n'estoit telle ny plus ny moins que le corps ne peut rien sans l'ame, & que l'ame seule ne peut rien aussi, pour le regard des actions qui touchent le corps.

L'attouchemēt n'y l'image de cire, ny la parolle, ne seruēt de rien aux sorciers.

Et c'est ce qui rend le sorcier coulpable : tout ainsi que si luy-mesme auoit commis l'acte, suyuant la disposition du droit commun, qui veut que l'autheur du delict, soit punissable de la mesme façon que celuy qui l'execute. Ainsi donc il appert que ce que l'on dict des sorciers n'est pas fable.

Le sorcier coulpable encore que Satan execute.

L'autheur a faict le proces à plusieurs sorciers.

Mais pour le mieux faire voir, i'ay dressé le discours suyuant sur quelques procez, que i'ay moy-mesme faict dez deux ans en ça à plusieurs sorciers, lesquels i'ay veu, ouy, & sondé le plus exactement, qu'il m'a esté possible pour tirer la verité d'eux. Et quoy que ie me sois estudié à estre bref, si est-ce que ie pense auoir touché les poincts principaux de mon subiect, selon qu'il se peut voir par la table des chapitres contenus en ce discours.

A la fin duquel i'ay adiousté vne petite instruction pour les Iuges, qui se treuuent empeschez en mesme faict, d'autant qu'il ne s'y faut pas comporter comme és autres crimes, en quoy ie me suis aidé du liure des Inquisiteurs, de Bodin, de Remy, de Binsfeldius, & d'autres: mais principalement de l'experience, & de ce que i'ay remarqué en ceste damnable secte de gens, qui sont de tant plus difficiles à conuaincre, qu'ils ont tousiours auec eux pour leur aduocat ce cauteleux Satan, lequel a bien mesme hardiesse de les assister, & conseiller lors que le Iuge parle à eux, & les interrogue.

Satan conseille les sorciers lors que ils sont deuãt le Iuge.

Responsc de l'autheur.

Que si quelqu'vn me veut reprendre de ce que ie nomme les personnes, qui ont esté deferées, ie luy diray que puis que l'on leur a faict leur procez, il me semble qu'il n'en importe pas beaucoup, pource que recourant aux registres l'on trouuera tousiours là leurs noms par escrit. Voire mes-

mes qu'il vaut mieux que l'on les recognoisse, à fin que l'on se donne garde non seulement d'eux, mais aussi de leurs enfans, qui les ensuyuent le plus souuent, & lesquels pour se couurir changent tantost de noms, & tantost de lieux. Bref i'imite en cecy la plus part de ceux qui ont escrit deuant moy, encores que ie ne me sois iamais esloigné de ce qui est de la modestie en ce discours. Et si veux bien que l'on sçache que ie suis ennemy iuré des Sorciers: & que iamais ie ne les espargneray, tant pour leurs abominations execrables, que pour le nombre infini que l'on en voit surcroistre tous les iours. De façon qu'il semble que nous soyons des-ia au tẽps de l'Antechrist, puis qu'entre les marques, que l'on donne de son arriuée, celle cy est l'vne des principales, c'est à sçauoir, que la sorcelerie sera lors en regne par tout le monde.

Il est expedient que l'õ cognoisse les sorciers, & leurs enfans.

L'autheur ennemy iuré des sorciers, & pourquoy.

La sorcelerie en regne au tẽps de l'Antechrist.

Et certes ceste Hydre merite, bien que l'on institue des Iuges exprés pour luy retrancher toutes ses testes à bon escient, & tellement, qu'il n'en renaisse plus. Car les empeschemens, que les Ordinaires ont à l'exercice de leurs charges, sont cause qu'ils ne peuuent pas vacquer apres les sorciers comme ils desireroyent, & que la chose le requiert. Mais venons au discours.

Il est expedient que l'on institue des Iuges expres pour les sorciers.

A MONSIEVR BOGVET, SONNET.

EST-CE quelque Nestor, ou quelque fils d'Alcmene?
Il charme de sa voix : il domte les sorciers,
Hercule comme luy conquesta ses lauriers.
Nestor, en rauissant par sa diserte veine.
Sa Iustice & valeur passent l'Herculienne,
Amortissant l'ardeur des courages plus fiers
Hercule à des faux dieux offroit ses oliuiers:
Il consacre ses faicts à l'Estre souueraine.
S'il n'estoit vn Hercul seroit-il le vainqueur?
S'il n'estoit vn Nestor, dompteroit-il le cœur
Des plus fiers ennemys de l'Essence sacrée?
Il est donc le flambeau punisseur des sorciers,
Se montrant en sa charge & ses faicts iusticiers,
Vn Hercule, vn Nestor, vne diuine Astrée.

N. DESPOSTOT

AV MESME.

SI ceux qui ont humé les hanaps de Parnasse,
Et qui sont fauoris de son neuuain trouppeau,
Ont acquis, triomphant, le Pythien rameau,
Qui des subtils esprits les temples entrelasse:
Quel rameau, quel Laurier, guerdonnera la grace,
Et l'Attique douceur de ce discours nouueau,
Qui deffiant le temps, l'enuie, & le tombeau.
Esclaire nostre siecle, & orne vostre race?
Car outre ce ayant prins pour vostre gonfanon
Le droit, vous meritez vn immortel renom:
Estant le nourricier du flambeau de Iustice
Vous serez louangé par ces ample uniuers,
Conneu comme vn Soleil à tous peuples diuers,
Pour seruir desormais à voz pareils d'Elice.

QVATRAIN.

Vostre ouurage facond descouure la malice,
Et venim donne-mort du Medeam sorcier:
Mais par vostre equité, & par droict Iusticier
Vous leur faites subir, le merité suplice.

G. GRVZ

TABLE DES CHAPITRES CONTENVS au present Discouts.

FIN.

DISCOVRS DES SORCIERS.

Tiré de quelques procés faicts depuis deux ans en ça à plusieurs de la mesme secte, en la terre de S. Oyan de Ioux, dicte de S. Claude, au Comté de Bourgongne.

Louyse Maillat aagée de huict ans est possedée de cinq Demons, & par apres deliurée: & Françoise Secretain faicte prisonniere pour luy auoir baillé le mal.

CHAPITRE I.

LE Samedy cinquiesme de Iuin, de l'an mil cinq cens nonante huict, Louyse fille de Claude Maillat, & d'Humberte du Perchy de Coirieres, aagée de huit ans, fut rēdue impotēte de tous ses membres de façon qu'elle estoit contrainte de marcher à quatre, & si de plus elle tordoit la bouche d'vne façon fort estrange. Ce mal luy cōtinua par quelques iours, & iusques à ce que le dixneufiesme de Iuillet subsequent, ses pere

Louyse Maillat rendue impotente de tous ses membres.

Elle est exorcisee. *Ses demons se descouurẽt en nombre de cinq, & leurs noms.*

& mere, qui prindrent opinion à son maintien qu'elle estoit possedée, la firent exorciser en l'Eglise de M. S. Sauueur.

Là se descouurirent cinq demons, les noms desquels estoient, loup, chat, chiẽ, ioly, & Griffon, & comme le Prestre demanda à la fille qui luy auoit baillẽ le mal, elle respõdit que c'estoit Frãçoise Secretain, autremẽt appellée la grosse Françoise de Coirieres, aagée d'enuirõ cinquãte huict ans, qu'elle mõstra au doigt entre tous ceux qui assistoient lors qu'elle fut exorcisée. Pour ce iour là les demons ne sortirent point.

Elle monstre celle qui luy auoit baillé le mal.

La fille cependant estãt reconduite en la maison de ses pere, & mere, les sollicita de prier Dieu pour elle, leur remõstrant que s'ils se mettoient en deuotion, elle seroit biẽ tost deliurée. Cela fut faict ainsi que la nuict approchoit: tost apres, & comme ses pere & mere eurent faict leurs oraisons, la fille leur dict, que deux des demons estoient morts, & que s'ils continuoiẽt à prier, il en prẽdroit tout autãt aux autres, qui restoient. Les pere & mere affectionnez à la santé de leur fille, ne cessent de prier toute la nuict. Le lendemain matin sur l'aube du iour, la fille se trouua plus mal que de coustume, & rottoit incessamment: mais en fin s'estant pãchée contre terre, les demõs sortirẽt par sa bouche en forme d'vne pelotte grosse cõme vn poing, & rouges cõme feu, sauf que le chat estoit noir. Les deux que la fille estimoit estre morts se partirent les derniers, & auec moins de violẽce que les trois autres. Aussi auoient ils cessé leurs efforts dés le commencemẽt. Ce qui auoit fait croire à ceste

Deux des demons semblent morts.

Les demons [so]rtent.

fille qu'ils estoiẽt morts, selõ qu'il est vray semblable. Tous ses demons estans dehors firent trois ou quatre voltes à l'entour du feu, & puis disparurẽt, & deslors la fille cõmença à se mieux porter qu'auparauant: voila cõbien profiterent les exorcismes du ministre de Dieu, suyuies des prieres des pere & mere de ce pauure enfant.

Françoise Secretain demande que lon la loge.

Au reste Frãçoise Secretain auoit esté le quart iour de Iuin sur le tard en la maison des pere & mere de Louyse Maillat, demander que l'on la logeast pour la nuict suiuãte, ce que Humberte lui refusa d'vn premier coup en l'absẽce de son mary, & neantmoins elle fut en fin contrainte par l'importunité de Françoise de luy accorder le giste: Françoise estant receuë en la maison, Humberte s'en alla accommoder son bestail. La vieille s'approche de Louyse, & de deux de ses sœurs moins aagées qu'elles qui se chauffoient, & presenta à Louyse vne crouste de pain ressẽblant à du fumier, qu'elle luy fit manger, luy defendãt bien expressemẽt de le dire, sinõ qu'elle la tueroit & mangeroit, (ce sont ses mots) la fille le lẽdemain se trouua possedée. La mere deposoit du refus qu'elle auoit faict à Françoise Secretain de la loger. Les pere & mere deposoiẽt par ensemble de la maladie de leur fille, laquelle la fille confirmoit, & deposoit encores de tout le reste. Et quoy qu'elle fust fort ieune, si est-ce qu'elle estoit si constãte en son parler, qu'elle se faisoit croire tout ainsi que si elle eust esté aagée de trente à quarante ans. La Iustice aduertie asseurément de ce qui s'estoit passé, faict saisir, & reduire en prison Françoise Secretain.

Elle faict manger vne crouste de pain à Louyse.

Louyse se trouue possedée.

Frãçoise faicte prisonniere.

Les moyens dont l'on se seruit pour tirer la verité de Françoise Secretain.

Chap. II.

Françoise ne veut rien confesser.

FRANÇOISE Secretain demeura trois iours en prison, sans vouloir rien confesser, & disoit qu'elle estoit innocente du crime dont l'on l'accusoit, & que l'on luy faisoit grand tort de la retenir. L'on eust iugé à la voir qu'elle estoit la plus femme de bien du monde : car elle parloit tousiours de Dieu, & de la vierge Marie, & des saincts & sainctes de Paradis : & auoit vn long chappelet en main qu'elle feignoit de dire sans discōtinuatiō.

Il semble qu'elle soit la plus femme de bien du monde.

Voy le ch. 39. *La croix de son chappelet n'est pas entiere.*

Bien est vray, qu'il n'y auoit point de Croix, du moins qui fut entiere en ce chappelet. D'où l'on tira vn indice contr'elle.

Voy le c. 40. *Elle ne iette point de larmes.*

Aussi d'ailleurs l'on se donna garde, que comme l'on l'interrogeoit, quoy qu'elle s'efforçast de pleurer souuentefois, si est-ce qu'elle ne iettoit pas vne seule larme. Ce qui fut cause, que l'on la reserra plus estroitemēt, & que l'on vsa de quelques menaces en son endroit. Le iour suyuant l'on la presse de dire la verité : toutesfois l'on ne profita rien.

L'on la despouille, & ne se trouue poīt marquée. *L'on lui faict couper les cheueux.*

De façō qu'il fut auisé, qu'il seroit bō de luy faire coupper les cheueux, & changer d'habits, comme aussi de recercher si elle se trouueroit point marquée. Suyuant ce conseil l'on la despouille. Mais l'on ne s'apperceut d'aucune marque. L'on vint à la teste pour luy coupper ses cheueux, en quoy elle s'exhiba d'elle mesme, tāt elle estoit resoluë: Neantmoins ses cheueux ne furent pas si tost bas qu'elle se monstra esmuë,

& commença à trembler de tout le corps, & à l'instant confessa, adioustant de iour à autre à ses premieres confessions. Ie mettray seulemēt les poincts principaux qu'elle confessa, afin d'estre bref, selon que i'ay entrepris. *Elle confesse.*

Les poincts principaux de la confession de Françoise Secretain.

Chap. III.

PRemierement qu'elle auoit baillé cinq Demons à Louyse Maillat. *Françoise baille des demōs à Louyse Maillat.*

2 Qu'elle s'estoit autrefois, & dés bien long temps baillée au Diable, & que le Diable auoit pour lors la semblance d'vn grand hōme noir. *Elle se donne au Diable.*

3 Que le Diable l'auoit cogneuë charnellemēt, quatre ou cinq fois, tantost en forme de chien, tantost en forme [illegible]hat, & tantost en forme de poule, & que sa semence estoit fort froide. *Le Diable la cognoit charnellement.*

4 Qu'elle auoit esté vne infinité de fois au sabbat, & assemblée des sorciers soubs le village de Coirieres en vn lieu appellé és Cōbes : proche l'eau, & qu'elle y alloit sur vn baston blanc que elle mettoit entre ses iambes. *Elle va au sabbat.*

5 Qu'estant au sabbat, elle y auoit dancé, & batu l'eau pour faire la gresle. *Elle y dance, & faict la gresle.*

6 Qu'elle & Gros Iacques Bocquet auoient faict mourir Louys Monneret, pour luy auoir faict māger vn morceau de pain, qu'ils auoyent soupoudré d'vne poudre que le Diable leur auoit baillée. *Elle faict mourir Louys Monneret.*

7 Qu'elle auoit faict mourir plusieurs vaches, & que pour les faire mourir elle les touchoit *Elle faict mourir plusieurs vaches*

de la main, ou biẽ d'vne baguette en diſant certaines parolles.

Les raiſons de l'empriſonnement de Françoiſe *Secretain.*

Chap. IV.

I'Ay touché cy deſſus les principaux poincts de la confeſſion de Françoiſe Secretain. Elle fut encores chargée par gros Iacques Bocquet de s'eſtre miſe en loup, mais elle n'en voulut iamais rien dire ouuertement. Or diſcourons maintenant ſur vn chacun de ſes poincts. Ie diray toutesfois au prealable, que l'on doubtoit s'il y auoit matiere ſuffiſante pour ſaiſir & reduire en priſon ceſte femme: d'autãt qu'il ſembloit qu'il ne ſe falloit pas arreſter au rapport d'vne petite fille qui la chargeoit de luy auoir baillé cinq demons, veu que les enfans ſont volages & legers, & que pour peu ils ſe laiſſent gaigner : ioinct qu'il ne faut pas toucher facilement à vne perſonne, quand il y va de la vie ou de l'honneur. Auſſi en faict de crimes, le Droict veut que les preuues ſoient plus claires que le iour.

Les enfans volages. l.1. de Minor. d. latè per Tiraq. De Pœn. cauſ.7. l. fin De probatio. c.

Neantmoins le contraire fut reſolu, & arreſté pour pluſieurs raiſons. La premiere, qu'il apparoiſſoit du malefice: La ſecõde, que la fille quoy qu'agée ſeulement de huict ans, ſe monſtroit neantmoins fort cõſtante en ce qu'elle diſoit, ſi bien qu'elle ne varia iamais: La troiſieſme, que la mere verifioit le giſte de Frãçoiſe, & le refus qu'elle luy auoit faict de la loger, & coucher en sa maison: La quatriesme, que les pere & mere disoient que iamais ils n'auoient eu querelle auec Françoise: La 5. que la fille durant sa maladie leur auoit tousiours declaré que ce n'estoit autre que ceste femme, qui luy auoit baillé le mal: La 6. qu'il s'agissoit d'vn crime le plus abominable de tous, & qui se commet ordinairement de nuict, & tousiours en secret, de façon qu'il n'estoit ja requis que l'on eust des preuues si exactes: que s'il eust esté question de quelque autre crime, puis que tous les Docteurs sont d'accord qu'il suffit d'auoir des preuues moins entieres és crimes qui sont graues, atroces, & secrets. L'ō regardoit dauātage que l'on ne demandoit pas vne condēnation, qui sont les termes de la loy prealleguée, ains seulemēt vn emprisonnement, auquel l'on procede bien plus facilement, si auant que les indices sont bastans à tel effect: finalement l'on pesoit qu'vn sorcier peut enuoyer des demons dans le corps d'vne personne, & ainsi que ce que l'on disoit de Frāçoise Secretain estoit possible, c'est à sçauoir, qu'elle eust baillé cinq demons à Louyse Maillat. Toutes ces raisons donc furent cause de l'emprisonnement de ceste femme.

Maschard. post alios in Trach. de Probatio. cōclus. 13. nu. 2. & sequ. vol. 3.

Iacob. de Bell. vis. in sua pract. tit. de inquisitio. nu. 52. Voy le chap. suyuant.

Contre laquelle l'on eust bien peu informer auparauant, selō qu'il à esté faict du depuis: mais l'on se craignoit d'vne fuite, si elle en eust esté aduertie. Et à la verité ceste derniere voye n'est pas des plus asseurées. Que si l'on est contraint de la suiure à faute d'autre, il faut faire prester le serment aux tesmoings de ne point reueler leurs depositions. Car autrement il y a danger

Les tesmoins examinez contre les sorciers doiuent prester le serment de ne point reueler leurs depositions.

que le faict ne soit plustost descouuert, que l'information paracheuée, & que celuy qui sera deferé ne gaigne au pied, comme il est aduenu plusieurs fois. Bref, le succez a faict cognoistre, que Françoise Secretain auoit esté meritoirement emprisonnée.

Vn enfant est cause que l'ō descouure plusieurs sorciers.

Et s'il semble, qu'il y ait eu en cela vn secret iugement de Dieu, si l'on considere que par le moyen d'vn enfant l'on a descouuert vne infinité de sorciers, qui ont tous suby le iugement tel qu'il cōuenoit, en quoy se manifeste la gloire de Dieu: de sorte que ce sera bien à propos que nous luy dirons icy apres son prophete Royal: *C'est de la bouche des enfans & de ceux, qui pēdoient encores au tetin, que vous auez parfaict vostre louange, à cause de voz ennemis, afin de ruiner l'hōme ennemy, & vindicatif.* Nous verrons par le discours suyuant, que quelques autres enfans ont esté cause que plusieurs se sont semblablemēt trouuez coulpables du crime de sorcellerie, iusques là que l'vn d'eux, aagé seulemēt de douze ans, en a conuaincu son propre pere, si constāment que le faict estoit iugé non moins estrāge, que pitoyable. Mais retournons aux poincts confessez par Françoise Secretain.

Psalm. 8.

Voy le c. 48.

Si vne personne peut enuoyer des Demons au corps d'vne autre personne.

Chap. V.

FRançoise Secretain confessa en premier lieu, qu'elle auoit baillé cinq demons à Loyse Maillat. Nous auōs discouru au premier chapitre des moyens qu'elle tint pour y paruenir. Mais la difficulté n'est pas petite. Sçauoir, si vne personne a la puissance d'enuoyer des demons dans le corps d'vne autre personne. Il y en a qui ont estimé que nõ, & mesme l'on dit que quelques vns ont soustenu autrefois ceste opinion deuant le Pape Theatin.

La negatiue. Vvier. lib. 3. de Præst. cap. 16. Voi Bod. l. 3. de sa Demo. l'affirmatiue S. Paul. 1. Cor. 5. 1. Timoth. 1. Vide Thira. in Dæmoia. part. 1. c. 16. n. 7. & part. 4. c. 50. num. 12. & c. 58. nu. 8. 9 Part. 1. c. 6.

Toutesfois la verité est que cela se peut faire par la permission de Dieu: car nous lisons que S. Paul enuoya Satan au corps du fornicateur de Corinthe, & de Hymenée, & Alexãdre heretiques. Et Dauid au Psal. 77. dit que *Dieu, a enuoyé en eux l'ire de son indignation, courroux, & son affliction, & qu'à cest effect il s'est seruy des mauuais Anges.* Qui est vn passage dont se sert Benedicti en l'histoire de Perrenette Pinay, pour la preuue de ce que ie dy. Et Thyræus le tiét ainsi en son traicté des Demoniaques.

Exemples de plusieurs rendus possedez par le moyen des sorciers.

Les exemples ne nous manquent pas pour ce faict.

Anastas. Niceph. q. 25. Sect. 13. in Maced.

Symon le Magicien rendoit ordinairement possedez ceux, qui l'appelloient Sorcier. Et Theodoret raporte l'histoire d'vne ieune fille qui se trouua possedée par les menées & enchãtemens d'vn homme Sorcier, voire qu'il adiouste que le demon descouurit le Sorcier, & raconta comme la chose s'estoit passée.

Rollande du Vernois.

Iaques Bocquet bailla deux diables à Rollãde du Vernois, desquels l'vn se nõmoit Chat, & l'autre Diable. Ce que Iacques confirma sur la declaratiõ, que Rollãde en fist precedémment, laquelle fut deliurée en prison l'an 1598. ceste femme estoit soupçonnée d'estre sorciere. En sorte qu'elle a esté lõg tẽps detenuë prisõniere apres sa deliurãce, & en fin bruslée. Nous en parlerõs cy apres bien amplemẽt, pour ce que la chose le merite. Perrenette Pinay se trouua possedée de six diables apres auoir mãgé vne pomme, & vn morceau de bœuf à la sollicitation d'vn sorcier, Vn autre sorcier enuoya semblablement trois demons au corps de Catherine Pontet. Et l'an 1554. les Iuifs de Rome rendirent 80. tant filles, que fẽmes possedées du diable. Et en l'an 1552. les religieuses du monastere de Kẽdrop en furent aussi tormentées à la suggestiõ de leur cuisiniere. Carõ en son Antechrist desmaqué rapporte que Catherine Boyraionne dõna certain nõbre de demõs à vne Magdeleine, aagée de 22. ans ou enuiron, & qu'vne autre vieille nommée la Gochonne en bailla aussi à vne Marie: Les demons estoient dedans des noix que les possedez mãgerent. Fernel en outre racõte que vn certain estant alteré, & ayant à faute d'eau mangé vne pomme, il fut à l'instãt possedé d'vn diable. Ie pourrois alleguer plusieurs autres exemples à ce propos, mais il me semble que ceux que i'ay touché suffisent. I'adiousteray, que lors que les sorciers sont irritez, ils menacent ceux qui les ont fasché de leur mettre des demõs au corps. Frãçoise Secretain en a ainsi fait à l'édroit de quelques enfans, qu'elle vouloit mener à force au sabbat, & mesme d'vne nommée Christofle, du village d'Aranthõ, aagé de 12. ans: & Louyse Maillat a aussi rapporté que lors que la mesme la contraignit de manger le morceau de pain, au moyen duquel elle fut par apres

Voy le c. 52. Benedicti au lieu prealle-gué.

Gerard Grudius en a descrit l'histoire.

Voy Bod. l. 3. c. 6.

En la 1. marque.

Les demons dedans des Noix. li. 2. de abd. rer. caus.

Les sorciers menacent des demons.

possedée, elle la menaçoit de luy bailler les mauuais.

Mais c'est chose estrange, que si le sorcier a plusieurs demons sous sa conduite, il faut qu'il les loge tous & qu'il les mette en œuure, autrement il est en danger de sa vie, selon que nous lisons dedans Caron, que certains Diables respõdirent vne fois, estans forcez par exorcismes, & coniurations de dire la verité.

Il faut que le sorcier loge tous les demons qu'il a sous sa charge au lieu preallegué.

Or comme le sorcier se sert ordinairemẽt de viandes pour rendre son ennemy demoniaque, ie me suis donné garde qu'il vse en cela principalemẽt de pommes. En quoy Satan renouuelle la voye, par laquelle il tenta Adam, & Eue au Paradis terrestre.

Les sorciers vsẽt principalement de põmes pour rẽdre les personnes Demoniaques.

Genes. 3.

Et à ce propos ie ne puis obmettre ce qui arriua à Annecy en Sauoye en l'an 1585. c'est que l'on vit vne pomme sur la margelle du pont de l'hasle par l'espace de deux heures, de laquelle sortoit vn bruit, & tintamarre si grand que l'on auoit horreur de passer par là, quoy que ce fust vn chemin ordinaire. Tout le monde accouroit à ce spectacle, sans que personne s'osast approcher. Mais en fin il s'en trouua vn qui fust plus hardy que les autres: car auec vn long baston il ietta la põme dedans le Thiou, qui est vn canal du lac d'Annecy passant sous le pont, & deslors l'on n'entẽdit plus riẽ. Il est vray semblable que ceste pomme estoit remplie de diables & qu'vn sorcier s'estoit failly à la bailler à quelqu'vn.

Pomme remplie de diables.

I'ay encores remarqué que presque tous les demoniaques cõfessent, que le mal les prent en mangeant quelque chose. Si bien qu'il est à pre-

Le mal prent les Demoniaques en mangeant.

ſumer qu'il y a de la gourmandiſe de leur coſté, qui eſt vn peché deteſtable deuant Dieu, qui ne veut point que nous abuſiõs des biẽs, qu'il luy plaiſt de nous communiquer, & qu'au lieu de le benir & louer des graces qu'il nous faict, nous prenions les viandes, qu'il nous enuoye indiſcrettemẽt & ſans nous ſouuenir de luy, & l'en remercier.

Il nous faut faire le ſigne de la Croix entrans au repas.

Aprenons donc lors que nous venõs à boire & à manger, de recognoiſtre celuy qui eſt l'autheur de tout, & de benir la viande auec le ſigne venerable de la Croix, ſuyuant l'inſtructiõ que nous en donnent les ſaincts Peres, qui ont tant reſpecté la Croix qu'ils ont dict, qu'elle nous deliureroit des demons & les faiſoit fuir deuãt nous: & voire que S. Gregoire eſcrit qu'vne religieuſe mangeant vne laictue, engloutit le Diable auec la laictue, pour n'auoir pas fait le ſigne de la Croix. Mais nous parlerons plus amplement de la Croix en vn autre endroit.

D. Hiero. in epiſt. ad Euſt. Tertu. de coron. milit. & alij. l. 1. Dia. c. 4. Voy le c. 54.

Examinons icy vn poinct, qui eſt bien cõſiderable. C'eſt à ſçauoir cõme le diable entre dãs le corps d'vn enfant, qui eſt innocẽt, & qui n'a iamais offenſé, ſelon qu'il eſt aduenu à Louyſe Maillat. Cela ce faict par la permiſſion de Dieu: Car nous voyõs de meſme que le ſorcier a pouuoir ſur la ſanté, & ſur la vie des enfans, iuſques là qu'il en tuë dans le ventre de leurs meres, cõme nous verrons cy apres: & entre les premiers nés d'Ægypte combien penſons nous qu'il y auoit d'innocens? Cependant Dieu les fiſt tous paſſer par le trenchant de l'eſpée, auſſi bien qu'il fiſt mourir l'ẽfant que Dauid auoit eu de Berſa-

Vide Tib. in Dæm. par. 2. c. 32.

Comme le Diable entre dans le corps d'vn enfant.

Voy le c. 1. Voy le c. 47. Exod. 11. 2. Reg. 12.

bée en adultere.

Il n'y a doute que les pechez des peres ne soyent en partie cause de ce malheur. Car il est dict en la S. Escriture que, *Dieu chastie les enfans pour l'iniquité de leurs peres & meres iusques à la troisiesme & quatriesme generation de ceux qui l'ont en haine* Et ailleurs Dieu a menacé les Roys de les punir en leurs enfans, selon qu'ils ont aussi esté du depuis. De sorte que l'on a veu les vns priués de leurs sceptres : les autres reduits en vne captiuité miserable.

Les pechez des peres. *Exod. 20.c.*

2. Reg. 2. 13. Reg. 14. 15. c. Eccl. 1. q. 4

Quelquesfois encores Dieu permet, que les innocens soyent possedez, & affligez non pas pour aucuns pechez, mais à fin que de là il face reluire sa Iustice, & ses œuures. Nous en auons vn beau texte en S. Ieã de l'auengle né, duquel parlant Iesus Christ, *Cestuy-cy n'a pas peché*, dit-il, *non plus que ses pere & mere, & seulement il a esté affligé, afin que tes œuures de Dieu soient manifestées en luy.* Et Louyse Maillat en l'aage de huit ans a esté possedée de 5. demons : mais que s'en est-il ensuiuy? L'õ a de là descouuert vne infinité de sorciers, qui ont esté chastiez selõ la grauité de leur offense. En quoy Dieu à biẽ manifesté sa iustice.

Dieu permet quelquefois que les enfans soient possedez pour faire reluire sa Iustice. *Ioan. 9.*

L'on peut dire de plus, que lors que la persõne offensée est innocente, le crime est de tant plus grand: car la qualité de la personne offensée agraue, ou diminue le forfaict. Or de tant plus que le peché, & le crime est enorme, de tãt plus merite-il de peine. Ainsi dõc Dieu pour accroistre d'auãtage l'enfer des sorciers, permet qu'ils nuisent aux enfans, & qu'ils les rendent demoniaques. Ie sçay que les Theologiens tiennent

1. de calumn. c. cum illorũ de sent. exco. §. atrox. de iniur. in Inst. S. Thomas. 1. 2. q. 73. ar. 9.

que l'hõme peut estre possedé, & affligé du diable pour cinq causes: mais ie leur en laisse le discours, afin que ie ne profonde si auãt les secrets iugements de Dieu, & me cõtenteray tousiours de croire, que ce grand Maistre de l'vniuers ne faict rien sans occasion, cõme estant vn abysme de sagesse, & de science, selon que dict S. Paul.

ad Rom. 11.

Si vn sorcier peut nuire à vn autre sorcier.

CHAP. VI.

Au c. præced.

NOus auons dit que Gros Iacques enuoya deux demõs au corps de Rollãde laquelle estoit sorciere. De là suyuant nostre propos ie veux prendre argument de discourir en peu de mots, si vn sorcier peut nuire à vn autre sorcier: enquoy il semble qu'il faut tenir l'affirmatiue pour plusieurs raisons: mais principalemẽt pour ce que tout ainsi qu'il y a des hierarchies, entre les Anges, aussi y a-il entre les demons vn ordre quoy que desordõné que i'ayme mieux appeller cacarchie, de façon qu'il y en a de plus puissans les vns que les autres, ce qui se peut verifier par plusieurs passages de la sainte Escriture: Car en Iob, où il est parlé de Behemoth, il est dit que *Il est le Roy sur tous les enfans d'orgueil, & de superbe.* Et en vn autre endroit, Beelzebut est appellé prince des demons. Si auant que les Iuifs reprochoiẽt à Iesus Christ qu'il dechassoit les diables des corps des possedez au nõ de Beelzebut prince des demõs. Mais qui plus est, nostre Seigneur en S. Mathieu monstre bien que tous les demõs ne sont pas de mesme force, & pouuoir en ces

L'affirmatiue. *Hierarchies entre les Anges.* *Ordre entre les demons.* *Magist. sent. lib. 2. dist. 6.* *Pier. l. 1. c. 17* *Thir. in De. par. 1. c. 12. ex Dionys. in cœl. Hier.* *Iob. 41.* *Behemot.* *Matth. 12.* *Marc. 5.* *Luc. 11.* *Beelzebut.* *Math. 12.*

mots, *Si Satan dechasse Sathan, il est contraire à soy mesme.*

Noz exorcistes sçauent bien cecy, par ce qu'ils font quelquefois commandement à Lucifer, & aux autres plus grands Demons de tourmenter ceux qui sont inferieurs à eux, lors que ces derniers font difficulté de sortir des corps, qu'ils tiennēt possedez. Que s'il est ainsi, que l'vn des demons soit plus puissant que l'autre selon que nous venõs de monstrer, & que les Theologiés en sont d'accord, s'ensuyt qu'il sera facile à vn sorcier de nuire à vn autre sorcier, attēdu que le premier pourra auoir vn, qui sera plus grand & plus fort, que celuy de son compagnon. Car la puissance des sorciers se reigle selon le pouuoir du Demon, auquel ils obeissent. Passons aux exemples pour confirmer nostre dire.

Vide flagel. Dæmon. Decum. 4.

Les demons plus puissans commandent aux inferieurs.

D. Augusti. Cass. D. Thomas. Perer. Binsfeld. de cõfess. malef. in 3. dub. princip. concl. 10.

La puissance du sorcier se regle selon le pouuoir du demon, auquel il obeit.

Spranger raconte qu'vne vieille sorciere fist mourir vne autre sorciere plus ieune, pour guerir vn Euesque que la ieune auoit rēdu malade. Et Nider escrit qu'en Allemagne celuy qui est ensorcelé s'adresse à vne vieille sorciere, laquelle fond du plõb dans de l'eau, iusques à tãt que par le ministere du diable il se forme vne image au plomb: surquoy la vieille demãde au malade en quel endroit du corps il veut qu'elle naure le sorcier, qui luy a baillé le mal. Que si le malade consent à ce qu'elle blesse le sorcier, lors elle prēt vn cousteau & en frappe l'image, & au mesme instant le sorcier se treuue frappé d'autant de coups, que l'image en reçoit. Il me souuient aussi que lors que l'on confronta Iaquema Paget à Antoine Tornier, Iaquema reprochoit à

Mal. Malef. par. 2. q. 2. In fornic. c. 3

Image qui se forme dans du plomb fõdu par le sorcier.

l'autre qu'elle l'auoit plusieurs fois menacée, & mesme qu'elle luy disoit ordinairement qu'elle empescheroit que ses vaches n'eussent du laict, & qu'au contraire les siennes en auroient en abondance. Ainsi donc il appert suffisamment qu'vn sorcier peut nuire à vn autre sorcier.

Des corps des Esprits & Demons.

CHAP. VII.

Les esprits bõs, ou mauuais se peuuẽt former vn corps des Elements.

FRançoise Secretain confessa en secõd lieu, qu'elle s'estoit autrefois baillée au diable, & que le diable auoit pour lors la semblance d'vn grand homme noir. C'est chose asseurée, que les esprits bons, ou mauuais se peuuent former vn corps, qui soit composé d'air, & des autres elements. Ce que l'on ne doit pas trouuer estrãge. Si l'on considere que les vapeurs, qui s'esleuent de terre en haut nous representent le plus souuent des corps d'hommes, & de bestes.

Exemples. 1. Reg. 28. L'esprit de Saul. Ezech. 8. L'Ange qui trãsporta Ezechel. L'Ange de Tobie. Tobie 5. Les Anges de Loth. Genes. 19.

Mais ces esprits encores donnẽt, à l'exemple d'vn bon peintre, telle couleur & ressemblance qu'il leur plaist, aux corps qu'ils se forment. L'esprit qui prophetiza à Saül sa mort, & la perte de la victoire, representoit au vif Samuel, qui estoit decedé quelque temps au parauant. Ezechiel fut trãsporté en Azotte par vn Ange, qui resẽsbloit à vn hõme quant aux leures, & auoit le visage cõme de *l'electre*, ou ambre, & par le bas il estoit comme de feu. L'Ange qui accõpagna le ieune Tobie au voyage, qu'il fist vers Cabael, auoit la figure d'vn iouuenceau cõme de mesme auoient les deux Anges de Loth. Nous lisons

sons dans les liures des Machabees, que lors que Heliodore fut commis par son Prince pour piller le temple de Hierusalem, il se presenta à luy vn Caualier biē monté, qui estoit accompagné de deux beaux ieunes hōmes, lesquels enuironnerent Heliodore, & le batirent si bien que ses gens furent cōtraincts de recourir à Onias pour lors grand Prestre, afin de prier Dieu pour luy. Iosue aussi entrant en la terre de Promission apperceut dedans vn champ vn Ange en forme d'homme, qui tenoit vne espée desgaignee en sa main, lequel luy dict qu'il auoit là esté enuoyé pour regir & conduire l'armée des enfans d'Israël: Et Auguste Cæsar estant sur le poinct de se faire proclamer Maistre, & Seigneur de tout le monde, vit en l'air vne Vierge qui tenoit entre ses bras vn petit enfant, ce qui fut cause, qu'il se departit de son entreprise. Comme de mesme Attila Roy des Huns quitta l'Italie qu'il auoit resolu de perdre & ruiner entierement, pour ce qu'il vit d'vn costé & d'autre du Pape Leon premier deux vieillards auec chacū vne espée flamboyante en main, qui le menaçoyent de mort, s'il passoit plus outre. L'on dict que ces deux vieillards estoyent S. Pierre, & S. Paul, qui ont tousiours esté les vrays Saincts Tutelaires de Rome, & de l'Italie.

2. Mach. 3.

Les Anges qui battirent Heliodore.

Ios. 5.

L'ange qui s'apparut à Iosué.

Auguste voit en l'air vne vierge qui tient vn enfant.

Attila menacé par deux vieillards.

S. Pierre, & S. Paul vrais Saincts Titulaires de Rome, & de l'Italie.

Mais ie viens à ce qui est de particulier à Satan, lequel se forme aussi tel corps qu'il luy plaist, prenant tantost la figure d'vn homme, & tantost celle d'vne beste, & voire qu'il se transforme quelquefois en Ange de lumiere. Alors qu'il s'efforça de tenter Iesus-Christ, & qu'il le transpor-

Satan se forme tel corps qu'il luy plaist.

Satan en hōme.

2. Cor. 11.

Spin.

ta sur le pinacle du Tẽple,& sur le sommet d'vne montaigne, il auoit la ressemblance d'vn hõme. Quand il s'addressa à Françoise Secretain, Iacques Bocquet, Thieuenne Paget, Clauda Iamprost,& plusieurs autres,dont nous parlerõs cy-apres,il les gaigna estant en figure d'homme. Le Genie qui s'apparut à Brutus, lors qu'il estoit prest de passer hors de l'Asie, estoit de mesme: comme encores les Satyres, & les Faunes rapportoyent à des hommes.

Destrig. c.15 Anony. tracta. 3. De credulit. Dæm. adhib. Thyr. Decol. Infest. part. 2 c.26 num 4. Dan. au 4. point. Richer au discours des Images. c.10. num.1. Plutach. in Bruto. Plin. li.7. c.2 cap.2.

Satã en femme.

Quelquefois ce mauuais pour nous attrapper plus facilement se transforme en femme. Dequoy no⁹ font foy entre autres histoires,les vies de S. Antoine,& de S. Hierôme,& les deux Demons qui apparurent à Dion, & à Caramante: & ce que l'õ dict des Incubes,& Succubes nous tesmoigne que le Diable prend tantost la figure d'vne femme,ce qu'il fait principalemẽt au Sabbat, selon qu'il a esté verifié par le rapport de Thieuenne,& Iacquema Paget,& de quelques autres. Mesmement que Thieuenne à confessé qu'elle auoit esté cogneuë trois fois en prison par Satan estant en forme d'homme.

Plutarch. in Dio. Voy le ch. 21

Satan en beste.

Et quant à ce que nous auons dict, que le Diable prent quelquefois la figure d'vne beste. S. Athanase nous l'apprent en la vie de S. Antoine, où il escrit que les Demons se presentoient à ce S. personnage, en forme de Taureaux, de Loups, d'Aspics, de Scorpions, de Leopards, d'Ours, & de Dragons espouuentables. Rollande du Vernois, & George Gandillon ont semblablement deposé, que lors que le Diable s'apparut à eux pour la premiere fois, il auoit la figure d'vn gros mouton noir portant des cornes. Aussi est-il le plus souuent au Sabbat en moutõ, ou en bouc: & Fräçoise Secretain a confessé qu'il auoit esté accouplé auec elle quatre ou cinq fois, & que pour lors il estoit tantost en forme de chien, tantost en forme de chat, & tantost en forme de poule. Agrippa estoit aussi suiuy d'vn chiẽ noir que l'on tenoit estre vn diable desguisé. Ce que l'on recogneut de tant mieux, que le maistre estant mort le chien s'alla precipiter publiquement dans l'eau, sans que du depuis ait esté veu: Mais Satan encor est si bon Maistre en ses Metamorphoses, qu'il sçait tres-bien choisir la figure, qui est la plus propre & conuenable à son subiect.

Richer en son discours des Imag. ch. 10. num. 8.

Agrippa suiuy du diable en chiẽ noir.

Toutesfois quoy qu'il prenne telle forme que il luy plaist, si est-ce que lors qu'il veut attirer quelqu'vn à sa cordelle, il s'apparoit à luy le plus souuent en forme d'homme: & le fait ainsi, comme ie croy, pour ne pas espouuanter celuy que il aborde: car l'homme voyant vn hõme s'addresser à luy, il a quelque occasion de s'arrester, & de ne se point troubler, comme si c'estoit vn moutõ, vn bouc, ou vne autre beste, qui le voulut accoster: & en cela l'on recognoist la grande industrie dont vse cest ennemy capital du genre humain.

Le diable s'aparoit ordinairemẽt à l'homme en forme d'homme & pourquoy?

Mais d'auantage bien qu'il se face voir en figure d'homme, il est neãtmoins tousiours noir, ce que tous les sorciers attestent. Et pour moy ie tiens que cela se faict pour deux raisons principalement. La premiere, afin que luy qui est

Le diable se faisant voir en forme l'hõme est tousiours noir.

Ad Ephe. 6. Matth. 8. Pere & recteur des tenebres, ne se puisse si bien desguiser, qu'il ne se donne tousiours à cognoistre pour tel qu'il est: l'autre, pour demonstrer qu'il ne s'estudie qu'à mal, estant le malheur signifié par le noir, comme disoit Pythagoras. Ce que le grand Tamburlan entendoit bien, d'autant qu'assiegeant vne ville, il faisoit dresser des Tentes noires au troisiesme iour, pour vn signal qu'il mettoit tout à feu & à sang, si les Citoyens ne se rendoient: & long tẽps auant luy les Grecs venant à tirer vne febue noire en leurs sors, estimoient cela pour vn mauuais presage. *Ouid. lib. 5. facto Alex. lib. 3. Genial. cap. 12.*

Satan entre souuent dans le corps d'vne beste. Au surplus Satan ne se forge pas tousiours vn corps d'air, d'eau, ou de terre: ains entre bien souuent dedans vne beste. Nous le voyons en S. Marc, ou le diable, qui se nommoit Legion, pria Iesus Christ de l'enuoyer luy, & ses compagnõs dans les corps de certains pourceaux, ce qu'il obtint. Et mesmes il y a des Demons soubterrains, si nous voulons croire à Psellus, qui entreront au corps d'vn pourceau, ou d'vne autre beste, nõ pas pour nuire, mais pour ce que le froid qu'ils endurent soubs terre est extreme, si bien que ne le pouuant pas supporter, & ne pouuans aussi soustenir les rayons du Soleil, ils sont contraints de se mettre, & loger dedans des corps des bestes. *Marc. 5. in lib. de Demon.*

Le diable emprunte quelquefois le corps d'vn pendu. Le diable encores a d'autrefois emprunté le corps d'vn pendu. Ce qu'il faict principalement lors qu'il se veut ioindre auec vne sorciere, & de là vient que les sorcieres sont ordinairement laides & puantes comme dict Cardan. *Lib. 20. De Subtil. Bod. lib. 3. cap. 3.*

Comme Satan nous gaigne.

CHAP. VIII.

SAtan passe plus outre: car comme il s'apparoit à nous en la sorte qu'il a esté dict cy dessus, il nous sollicite de nous bailler à luy. Il en a ainsi faict à l'endroict de Françoise Secretain, selon qu'elle l'a rapporté, & les autres sorciers en disent tout autant: Mesmement que ce malheureux est si rusé, qu'il sçait choisir le temps, & l'occasion pour venir plus facilement au dessus de ses desseins. Parce qu'il prend ses gens lors qu'ils sont seuls, & qu'ils se desesperent, & tourmentent, ou pour la faim, ou pour quelque accident, qui leur est suruenu: Eue estoit seule, quand elle fut seduicte, & Thieuenne Paget gardant des vaches aux champs en perdit l'vne, elle se desconforta, Satan s'addresa à elle, & la gaigna. Il en fist de mesme à George Gandillon, qui se contristoit de ce qu'il ne pouuoit conduire certains bœufs. Pierre Gandillon son pere fasché de ce que sa faux ne tranchoit si bien que celles de ses compagnons se donna au diable, Satan s'apparut à l'instãt à luy, & le gaigna. Iacques Bocquet, Françoise Secretain, Clauda Iamprost, Antoine Gandillon: & plusieurs autres se sont laissez aller à luy pour leurs miseres, & pauuretez.

Satan prend ses gens lors qu'ils sont seuls, ou bien qu'ils se desesperent. Genes. 3.

Il promet encores beaucoup. Car il presente à ceux cy des richesses, & les asseure, qu'ils n'auront iamais faute de rien. Il offre aux vindicatifs des moyens pour se vẽger de leurs ennemis, & pour se faire redouter: il faict croire aux autres,

Satan promet beaucoup.

qu'il les auãcera en grade, & honneur. Bref il se sçait bien accommoder à l'humeur, & au naturel des personnes, qu'il les attrappe à sa volonté.

Il y a tousiours de la faute des sorciers.

Cependant, il nous faut confesser, qu'il y a en cela de la faute entiere des sorciers: par ce que Satan en les abordant leur declare ouuertement qu'il est le diable, & leur faict renoncer Dieu, chresme, & baptesme. Et c'est l'occasiõ pour laquelle ces gens là se rendẽt indignes de pardõs: car y a-il homme, tãt idiot soit-il qui ne sçache que le diable est nostre capital ennemy, & qu'il ne cherche que la ruine du genre humain? I'ay veu vne fille qui estoit sourde & muette de nature, laquelle estant irritée faisoit les cornes de deux doigts, auec vne laide grimace, à ceux qui la faschoient, comme si elles les eust voulu menacer du diable: Ce qui me faict croire qu'elle & ses semblables sçauẽt bien que c'est de Satã. D'ailleurs, qui ne sçait qu'il y a vn Dieu, qui est par dessus les forces de Satan? La nature le nous dicte tout haut, selon que l'accordẽt mesme les Payens. Et pourquoy donc ne recourons nous à luy, lors que nous sommes tentez par le Diable, sans nous laisser aller à la parolle de nostre ennemy iuré? finablement la recompense que les sorciers attendent de Satan, ne les doit elle pas condamner, quand il n'y auroit autre chose?

Contre ceux qui excusent les sorciers, c. qui ea 28. dist cap Turbatur. § notandũ § ibi

I'ay touché ce point icy pour refuter l'opiniõ de ceux, qui s'efforcent d'excuser la plus part des sorciers, sur ce qu'ils sont simples, & ignares. comme ils disent. Car il est clair, qu'ils offensent en ce qui est des principes de nature: en quoy la loy se rend seuere, & inexorable. I'adiousteray, que la bonté infinie, que Dieu leur depart en cest endroit, les rend de tant plus coulpables: d'autant qu'il ne permet pas qu'ils soyẽt surpris: car ils sçauent qui est celuy, qui traicte auec eux, ils ont du temps pour deliberer s'ils se doyuent rendre, ou non. Mesmement qu'il semble que Dieu ne prent point de pied à la premiere renõciation, qu'ils font de luy, du Chresme & du Baptesme, comme estant faicte trop precipitamment, & sans aduis: veu que le Diable qui est caut & fin, la leur fait reiterer deux & trois fois, & voire qu'il leur fait dire qu'ils y renõcent de bon cœur. D'où il se void comm'ils se iettent d'eux mesmes dans les filets de Satan: Mais disons plus particulierement quelque chose de la renonciation que les sorciers font de Dieu, du Baptesme, & du Chresme.

glosſ. 1. §. 4. l. 2. De in ius vocand. c.

Les sorciers reiterent la renonciation qu'ils font à Dieu, au Chresme, & au Baptesme, & mesme disent qu'ils la font de bõ cœur.

De la renonciation que faict le Sorcier à Dieu, au Baptesme, & au Chresme.

Chap. XI.

Comme le braue soldat, qui desire de ranger son ennemy à sa deuotion, luy faict tomber les armes des mains, à fin qu'il ne sçache plus dequoy se defendre: Ainsi Satan lors qu'il nous veut subiuguer, nous faict renoncer à Dieu, au Baptesme, & au Chresme, pour ce que ce sont les armes, auec lesquelles nous-nous pouuons garantir, & conseruer a l'encontre de luy. Ce que le malin esprit n'ignore pas.

Comparaison.

Voy Paul. grill. de sortil. gen n. 28.

Car en ce qui est de Dieu en general, ne luy

De Dieu.

Iob. 1. disoit il pas parlãt de Iob: *Est-ce sans raison, que Iob craint le Seigneur puis que vous l'auez muny de vostre sauuegarde, & luy & sa maison, & toute sa substance?* Et le Prophete Royal. *Celuy*, dict-il, *qui est assisté du Tout-puissant, demeurera à iamais en la protection de Dieu.* Et ce qui s'ensuit. S. Paul aussi escriuant aux Romains, *si Dieu est pour nous, qui s'osera bãder contre nous?* dict-il: voire à il esté remarqué que plusieurs ayans prononcé le nõ de Dieu, ou bien Iesus-Christ en l'assemblée des sorciers, tout est disparu au mesme instant, & diables & personnes, & viandes.

Psal. 90.
ad Rom. 8.
Le nom de Dieu & de Iesus Christ.
Voy Grillãd en la quest. prealleguée. 5 nom. 27. & Bod. li. 2. c. 4.

Du Baptesme.
Voy le Concile de Trẽte. Sess. 5.

Et pour le regard du Baptesme, il nous met hors de la puissance de Satan, & nous sert a l'aduenir, cõme d'vn preseruatif pour euiter ses embusches, & menées, selon que les Canons nous l'attestent. Mais ce mal-heureux ne faict pas seulement renoncer au sorcier son premier Baptesme qu'il a receu au nõ de la *S.* & indiuidue Trinité, ains il le faict encores rebaptizer au nom du diable, & prendre vn autre nom. Ce qu'il faict, comme il est vray semblable: afin que le sorcier de là conçoyue vne opinion, que son premier Baptesme est entierement effacé, & qu'il ne luy peut plus seruir de rien.

Exod. li. 2. 4.
Satan faict rebaptizer les sorciers au nõ du diable.

Les sorciers demandent d'estre rebaptizez.
Vide Remig. lib. 3. Dæmono cap. 6.

Car aussi y a-il plusieurs sorciers, lesquels estãs tombez entre les mains de la Iustice demandent d'estre rebaptisez: Clauda Coirieres, Christofle du village d'Aranthon, Pierre Vuillermos & plusieurs autres l'ont demandé en la mesme façon.

Du Cresme.

Quant au Chresme, il nous en faut presque iuger de mesme, que du Baptesme, & dire que c'est vn antidote souuerain contre la puissance du Diable: ce qui est assez verifié par le rapport des Sorciers, qui se mettent en loups, d'autant qu'ils disent, que venans à tuer, & manger quelques enfans, ils ne peuuent toucher à la partie, qui a esté oincte du S. Chresme. Ce que ie sçay par la confession de Iacques Bocquet, Clauda Iamprost, & Thieuenne Paget.

Les Loups-garoux ne touchent point à la partie qui a esté oincte du S. Chresme.

De la voix des Demons.

Chap. X.

Le discours, que nous auõs eu és deux chapitres precedẽts, m'inuite de parler de la voix dont se seruent les Demons: car, comm'ils sont esprits seulement, il semble que la parolle leur est deniée, laquelle se faict du poulmõ, du palais, de la langue, & des dents: ce que les esprits n'ont pas. Neantmoins il faut tenir pour chose asseurée, que les Demons parlent en certaine façon. Il se void iournellement comme ils respondent par la bouche des demoniaques. Rollande du Vernois estãt possedée des demons, qui estoient deux, parloyent quelquefois si naifuement son langage, que nous estimions que c'estoit elle qui parlast, & nous respondit: bien que l'on a remarqué que le diable ne peut si bien cõtrefaire la parolle de l'hõme, que l'on ne recognoisse le plus souuent, que c'est luy qui parle, car il aura la voix ou raucque, ou deliée & menue, ou bien semblable à celle d'vn homme qui parle dedans vn tonneau. Psellus dict qu'il accommode ainsi sa voix, afin que n'estant pas clairement enten-

L'affirmatiue.

Gen. 3. Matt. 4. Luc. 4.

Les Demons parlent en certaine façõ.

Voyle ch. 25. Remig. lib. 1. cap. 8.

Le diable est recogneu par sa voix.

in lib. de Dæmon.

du,il couure de tant mieux ses ruses,& mensonges.Il y a vne autre raison: c'est qu'il est impossible que l'art imite si viuement la nature,qu'il n'y ayt tousiours quelque differẽce entre les deux: & a ce propos, comme l'on demanda à George Grandillon, si lors qui fut sollicité de Satan de se bailler a luy, Satan parloit distinctement, il respõdit que non,& qu'a peine pouuoit-il comprendre ce qu'il disoit.

Vide Thyr. in dæmo.par. 2. cap. 24.

Or que le diable parle par la bouche d'vn demoniaque, cela se faict facilement, par ce que lors il se sert des dents, de la langue, & du poulmõ du possedé, tout ainsi comme il s'aide de ses autres membres pour faire ce qu'il luy plaist, comme de la bouche pour grimacer, des bras, & des mains pour repousser la Croix,& l'eau beniste,selon que i'ay veu en Rollãde du Vernois, & plusieurs autres demoniaques.

Voy le ch. 52.

Le Diable estant entré dans le corps d'vne beste peut contrefaire la voix humaine.

Ce qui me faict croire encores que le Diable estant entré dans le corps d'vn chien,d'vn bouc, d'vn oiseau, ou de quelque autre beste peut cõtrefaire la voix d'vn homme,comm'il l'a contrefaict aussi souuentefois au raport de la pluspart des sorciers.La premiere fois qu'il parla à Rollande du Vernois, & à Pierre, & George Grandillõ,pere & fils,il estoit en forme d'vn mouton noir.L'on sçait qu'il prend d'ordinaire la mesme figure au sabbat, ou il harangue ses gens, les exhortant à mal, tantost auec douces parolles, & tantost auec menaces. Cecy ne sera pas trouué estrange par ceux, qui ont leu l'histoire de l'Anesse de Balaam, & qui ont veu des geays,& des papegays contrefaire si bien la voix humaine,

L'Anesse de Balaam. nu. 22.

que l'on iugeroit que ce sont hommes, qui parlent : tesmoing le Papegay, qui fut presenté à Auguste, & qui valut tant à son maistre.

Les Geays, & Papegays.

Mais il est bien plus difficile de croire, que Satan puisse parler par les parties honteuses d'vne femme, ou bien quand la bouche de la personne est close, ou que la langue est tirée de demy pied hors la bouche, ou bien quãd il est du tout sans corps, ou qu'il n'a qu'vn corps formé d'air. Toutesfois cela se voit, & la raison en est bõne: car si la voix se faict par vne agitation, & batement d'air, il s'ensuit que Satã s'en peut former vne en ceste façon, veu qu'il se compose biẽ vn corps d'air. L'exemple de l'Echo nous seruira en cet endroit: car nous voyons des vallées qui respondent articulément à la voix de l'homme, si bien qu'il est aduis qu'elles parlent, & imitent nostre parolle. Et de là il est aisé à colliger, que la voix humaine se peut bien feindre sans poulmon, sans langue, sans dents.

Satan parle par les parties hõteuses d'vne femme Voy eod. li. 2. cap. 3.

Exemple de l'Echo.

C'est la raison pourquoy Vair l'Espagnol, dict tresbien que les demõs peuuẽt feindre des sons semblables à la voix humaine, par lesquels ils expriment ce qu'ils veulent, & nonobstant que ils n'ayent ny dents, ny langue, ny poulmon, qui sont les instrumens, peut former la voix, si est-ce qu'ils les peuuent representer faicts artificiellement, & par ce moyen comme par certains sons ils feignent, & desguisent vne ressemblance de voix, laquelle ils font decouler iusques aux oreilles des escoutans. Voyla ce que dict Vair.

Lib. 2. de Incãta. ca. 11.

Discours De l'accouplement du Demon auec la Sorciere, & le Sorcier.

Chap. XI.

Plusieurs sorcieres cogneues de Satan.

Raisõ de l'accouplemẽt de Satan auec le sorcier, & la sorciere.

FRançoise Secretain confessa en troisiesme lieu que Satan auoit eu cognoissance d'elle. Clauda Iamprost, Iacquema, Paget, Antoine Tornier, Antoine Gandillõ, Clauda Ianguillaume, Thieuenne Paget, Rollãde du Vernois, ont confessé le mesme, & par les procés que l'on a faict aux sorciers il se trouue, que Satan les cognoit toutes. Il en vse ainsi, parce qu'il sçait que les femmes aiment le plaisir de la chair, afin que par vn tel chatouillement il les retienne en son obeissance encores que le plus souuẽt la chose ne leur est pas trop aggreable.

Le diable se met en femme pour les hommes.

Et comme le sorcier n'est pas moins adonné à la luxure, que la sorciere, c'est pourquoy il se met aussi en femme pour luy complaire. Ce qu'il faict principalement au sabbat, selon que l'ont rapporté Pierre Gandillõ, & George Gandillon pere & fils, & celle que i'ay tantost nommée, qui disent tous vnanimement qu'en leurs assemblées il y a plusieurs demons, & que les vns se mettent en hommes pour les femmes, & les autres en femmes pour les hõmes. L'on appelle ces demons incubes, & succubes. Ce n'est pas dés auiourd'huy que Satan nous attire à luy cõme cela : Car nous lisons que pour tenter vn S. Antoine, vn S. Hierosme & plusieurs autres deuots personnages, qui passoient le cours de leur vie en solitude aux deserts, ils se presentoit le plus souuent à eux en forme de Courtisane.

Incubes, succubes.

Au reste, il y a encores vne autre raison pourquoy le diable s'accouple auec le sorcier, sçauoir afin que le sorcier offense de tant plus griefuement Dieu le Createur: car si Dieu abhorre la copulation de l'infidelle auec le fidele, à combiẽ plus forte raison detestera-il celle de l'homme auec le diable? Il y a de plus, que par ce moyen la semence naturelle de l'homme se pert, d'où vient que l'amitié, qui est entre l'homme & la femme se conuertit le plus souuent en vne haine, qui est le plus grand malheur, qui pourroit arriuer au mariage.

Autre raison de l'accouplement de Satan.
Exod. 34.
Deut. 7.

Si l'accouplement de Satan auec le sorcier est imaginaire seulement.

CHAP. XII.

MAis pour ce qu'il y en a qui tiennent, que l'accouplement dont nous venons de parler, est imaginaire seulement, il sera bien à propos d'en dire quelque chose en ce lieu. Les vns s'en mocquent, les autres en doutent, & les autres l'afferment: S. Augustin semble estre du nombre de ces derniers, comme aussi S. Thomas d'Aquin, & plusieurs autres grands personnages, qui ont escrit apres eux, mais les confessions des sorciers, que i'ay eu en main me font croire, qu'il en est quelque chose, parce qu'ils ont tous recogneu, qu'ils auoient esté couplez auec le diable, & que la semence qu'il iecte est fort froide. Ce qui est conforme à ce qu'en rapporte Paul Grilland, & les Inquisiteurs de la foy. Iacquema Paget adioustoit, qu'elle a-

Lib. 5. de ciuit. cap. 23.
La negatiue.
La semence du diable froide.

auoit empoigné plusieurs fois auec la main le membre du demon qui la cognoissoit : & que le membre estoit froid comme glace, long d'vn bon doigt, & moindre en grosseur que celuy d'vn hõme. Thieuenne Paget, & Antoine Tornier adioustoient aussi que le membre de leurs demons estoit lõg, & gros comme l'vn de leurs doigts. Thieuenne Paget disoit de plus, que lors que Satan la cognoissoit, elle auoit autãt de peine, qu'vne femme qui est en trauail d'enfant. Françoise Secretain disoit semblablement que lors qu'elle estoit en l'acte, elle sentoit ie ne sçay quoy qui la brusloit au dedans de l'estomach, & quasi toutes les sorcieres rapportent que ceste copulation ne leur est point plaisante, tant pour la laideur, & deformité de Satan, que pource qu'elles y ont de la douleur. Nous venons de parler de la douleur.

Les sorciers ont de la peine en l'accouplemẽt qu'elles ont auec Satan.

La laideure & deformité est en ce que Satan cognoist les sorciers : sçauoir les vns en forme d'homme tout noir, les autres en forme de quelque beste, comme d'vn chien, d'vn chat, d'vn bouc, d'vn moutõ. Il cognoissoit Thieuenne Paget, & Antoine Tornier en forme d'vn homme noir, & lors qu'il s'accouploit auec Iacquema Paget, & Antoine Gandillon, il prenoit la figure d'vn mouton noir portant des cornes. Françoise Secretain a confessé que son demon se mettoit tantost en chien, tantost en chat, & tantost en poule, quand il la vouloit cognoistre charnellement. Tout cecy me faict de tant mieux asseurer l'accouplement reel du sorcier auec le demon. Car qui a-il qui puisse empescher que le diable ayant emprunté le corps d'vne beste, ne cognoi-

Satan laid & difforme.

Il cognoist les sorciers estant en forme de beste.

Femmes cogneues d'vn chien naturel.

ſe vne ſorciere, puis que l'on a veu autrefois à Thoulouſe vne femme qui abuſoit d'vn chien naturel. Ce qui eſt ſemblablement arriué à Paris. L'on pourroit peut-eſtre icy rapporter bien à propos ce que l'on dict de Paſphaë, & autres ſes ſemblables.

Voy eod. l. 3. cap. 6.

Satã cognoiſt les Sorcieres auec vn corps de pendu.

Que ſi Satan vient à cognoiſtre vne ſorciere en forme d'hõme, il prẽt alors le corps de quelque pẽdu, & s'il a ſeulemẽt vn corps formé d'air, il n'y a encores point d'inconuenient qu'il ne puiſſe habiter auec la ſorciere. Par ce qu'en ce cas il ſe faict le corps ſi eſpaix, qu'il le rend palpable, comme l'air eſt deſia palpable de ſoy, & conſequemment capable pour habiter auec vne fille, & meſme pour la deflorer: Car pourquoy ne luy ſera-il pas aiſé d'executer ce dernier point veu qu'il a bien le pouuoir de bouleuerſer vne ville, vne cité, vn Royaume? & en ce qui eſt de la ſemence, il n'en trouue que trop.

Ou bien auec vn corps cõpoſé d'air.

Il peut deflorer vne fille.

Et pour ces raiſons ie croy pour choſe veritable ce que l'õ a eſcrit des Faunes, Satyres, & Syluains, qui n'eſtoyent autres que Demons, c'eſt à ſçauoir qu'ils paillardoient, & eſtoient luxurieux au poſſible: & tiens que l'on pourroit encores appliquer à ce propos ce que les hiſtoires nous rapportent des embraſſemens de Numa, & de la Nymphe Ægeria, & de pluſieurs autres ſemblables, que les Poëtes ont touché plus particulierement.

Les Faunes, Satyres, & Syluains demons, & luxuricques.

Vayr. lib. 2. c. 13. Thyr. De loc. infeſt. par. 1. cap. 21. num. 7. Plin. lib. c. 2.

Mais pour retourner à Françoiſe Secretain, c'eſt choſe eſtrange, que Satan l'ayt cogneuë en forme de poule. Ie me doute qu'au lieu d'vne poule, elle n'ait voulu dire vn oiſon, pour ce que

Satã cognoiſſoit Françoiſe Secretain en forme de poule.

Parac. De malefi. c. 15. cap. 15. Satan a des pieds d'Oye. le diable se transforme souuét en vn oyson, d'où est venu le prouerbe, que Satã a des pieds d'oye. Mais neantmoins il a peu aussi bien prendre la forme d'vne poule, que d'vne oye: car il se trouue qu'il a pris à mesme effect la forme d'vn chien à diuerses fois, dequoy nous auõs deux exéples remarquables. Bod. l. 3. c. 6. Le premier d'vn chien, que l'on disoit estre vn demon, lequel leuoit les robbes des Religieuses d'vn Monastere du Diocese de Colongne, pour en abuser: L'autre de certains chiens, qui se trouuoyent sur les licts des Religieuses d'vn Monastere du Mont de Hesse en Allemagne.

S'il peut naistre quelque chose de l'accouplement de Satan, & de la sorciere.

Chap. XIII.

Le doute est bien plus grand, sçauoir s'il peut naistre quelque chose de l'accouplement de la Sorciere, & du Demon. Il me souuient, que Antoine Tornier, & Antoine Gãdillon estants interrogées, si elles ne craignoiét point de deuenir enceintes des œuures du diable, l'vne respõdit qu'elle estoit trop vieille, l'autre que Dieu ne le vouloit pas permettre. I'ay leu aussi que Satan demanda quelquefois à vne sorciere, si elle vouloit estre enceincte de luy, & que la sorciere respondit que non. Cela faict croire qu'il y a apparence, qu'il peut venir quelque chose de tel accouplement: l'affirmatiue. ioinct que les exemples ne mãquent pas à cet effect, auec la preuue que l'on en tire du liure de la Genese, où il est dit, que les fils

fils de Dieu cogneurent les filles des hommes, & que de là nasquirent des geans, ce que Iosephe entend simplement selon la lettre.

Pour le regard des exemples, nous auõs Merlin l'Anglois, que l'on dit estre né des embrassemens d'vn demon, & d'vne femme. Les Huns, & les habitans de Cypre sont aussi prouenus, cõme l'on dict, de certaines sorcieres, qui auoiẽt compagnie auec le diable. L'on conte aussi que Luther est né de l'embrassement du diable auec sa mere Marguerite. Ie laisse ce que l'on a escrit de Platon, de Seruius Tullius, & de Florine, & Ermeline. Nous lisons en outre, que quelques femmes ayans esté cogneuës de Satã ont enfanté des mõstres hideux & espouuantables, comme est celle dont Bodin faict mention en sa Demonomanie. Il dict de plus que les Allemans tiennent, que de cest accouplement diabolique naissent des enfans maigres, & plus pesans neãtmoins que les autres, qui tarissent trois nourrisses sans engresser, & qui crient quãd on les manie, & rient lors qu'il aduient quelque meschef en la maison, & au surplus qu'ils ne passent iamais les sept ans.

Que si quelqu'vn desire de sçauoir comme la procreation se faict par le moyẽ de tels embrassemẽs, ie luy diray apres S. Thomas d'Aquin, q̃ Satan se sert en cela de la semence de l'homme qu'il reçoit lors qu'il se faict succube, ou biẽ autrement, laquelle il darde dans la matrice si dextrement, que venant à se rencontrer auec celle de la femme il ne se peut faire que de là il ne prouiẽne quelque chose, & mesme pource que

Les fils de Dieu dans la Genese.
Genes. 6.
li. 1. c. 3. anti.
De Merlin l'Anglois, & autres qui sont nez de l'embrassement du diable, & d'vne femme.
Vide Remig. li. 1. c. 6.
Luther né d'vn diable.
Voy Remõd en son Ante-Christ. ca. 6. num. 1.
Quelques fẽmes cogneues de Satan ont enfanté des monstres hideux.
li. 2. c. 7.
Des enfans maigres qui naissent en Allemagne.
Comme se faict la procreation qui prouient de l'accouplemẽt du demon auec la sorciere.

ceste semence est conseruée en sa chaleur par le diable, qui n'a pour trop d'inuentions pour mal faire & abuser du genre humain.

Des monstres qui naissent en la mer.

Nous voyõs qu'il y naist tant de monstres en la mer par le rencõtre qui se faict de deux poissons de diuerses especes: l'on y en prent mesme, qui ressemblent à des hommes, que quelques Naturalistes, & Medecins disent estre procréez de la semence d'vn corps humain trespassé, que le poisson à receu, & nous conseillēt pour cela d'enterrer les morts, soyent hommes ou femmes. Afin d'obuier à vn tel inconuenient. Pourquoy donc trouuerons nous estrãge qu'il reussisse quelque chose de l'accouplement du demon & de la sorciere, s'il est faict en la sorte que nous auons dit? Binsfeldius Suffragan de Tresue le tiēt ainsi apres plusieurs autres graues personnages, dont il faict mention.

Paracel. in frag. lib. de animalib. ex diuers. specie. coit. nat.

De confeßio malef. conc. 5.

La negatiue, & qu'il ne peut riē naistre de l'accouplement du demon auec la sorciere.

Toutesfois quoy q̃ toutes ces raisõs ayēt quelque apparēce, si est-ce q̃ i'ayme mieux suiure l'opinion de ceux qui ont esté d'aduis qu'il ne prouient rien de cest accouplemēt. Car qui ne sçait que les esprits, & la chaleur, dont tout le corps abonde, sont cause de la generatiõ. Ie parle encores de la chaleur, qui naist auec l'hõme, d'autant qu'il est impossible qu'vne chaleur accidentelle, & acquise seulement par artifice soit suffisante à cet effect. Or ces esprits: & ceste chaleur naturelle manquent au demõ, comme de mesme faict le cœur, qui est leur siege, & ne croiray iamais que le diable ayant emprunté la semence de l'homme, la puisse conseruer en sa premiere chaleur, veu qu'il y faut du transport, & que la ſemence eſt refroidie à l'inſtant, qu'elle eſt iectée hors de ces vaiſſeaux. Auſſi toutes les ſorcieres s'accordent en cela que la ſemence qu'elles reçoiuent du diable, eſt froide comme glace.

La ſemence du Demõ eſt froide.

Voy le c. 12. 13.

Mais d'auantage penſons nous que Dieu, qui eſt jaloux de ſon honneur, & qui ſe loüe en ſes œuures, voulut dõner & infondre l'ame au fruict qui prouiẽdroit d'vne copulatiõ ſi abominable?

Ie dy bien de plus, c'eſt qu'il ne naiſtra rien, ſi la ſorciere vient à eſtre accouplée auec vn mouton, vn chat, vn chien, ou vne autre beſte naturelle pour la diſproportion, qu'il y a entre eux.

Il ne peut riẽ naiſtre de l'accouplement de l'hõme auec la beſte.

Auſſi ſi le contraire auoit lieu, il n'eſt pas que l'on n'euſt veu les deux femmes qui furent bruſlées, l'vne à Thoulouſe, & l'autre à Paris, accoucher des œuures d'vn chien naturel, qui les cognoiſſoit charnellement: l'on verroit encore le monde remply pour la plus part des fruicts prouenus de tels embraſſemens: car ce n'eſt pas dés auiourd'huy qu'ils ſont en praticqne. La loy de Dieu, punit deſia de mort, l'homme & la beſte qui aurõt eſté accouplez enſemble. D'ou ie conclu, que ſi pour la diſproportion, qui eſt entre l'homme, & la beſte brute, il ne peut rien ſucceder de la copulatiõ, qui pourroit aduenir entre eux, qu'à plus forte raiſon ne doit-il rien naiſtre de l'accouplement de Satan auec la ſorciere, ſoit que Satan emprunte le corps d'vn pendu, ou ſoit qu'ils s'en batiſſent vn des elemens.

Voy Bod. l. 3. c. 6.

Leui 18. 20.

Reſp.

Et de cecy l'on peut tirer vne reſponce à ce que nous auons dict des monſtres, qui naiſſent en la mer de deux poiſſons de diuerſes eſpeces: car il y a beaucoup de proportiõ entre ces deux

La Mule. Le Basilic. Parac. loco. Prealleg.

animaux, nonobstant la diuersité de leurs especes: Nous voyons au semblable, qu'en terre la Mule naist d'vn Asne, & d'vne Iument, & le Basilic d'vn Coq, & d'vn Crapaut.

L'homme marin.

Et quant à l'homme marin c'est vne absurdité de croire qu'il prouienne de la semence d'vn hõme mort, & est encores chose plus ridicule d'estimer que la charõgne d'vn homme mort puisse produire quelque semence propre à la generation: c'est sans doute que l'homme marin est procreé de deux poissons, & que la nature qui s'esgaye à la varieté, luy baille la figure d'hõme, qu'il porte en dessus. Car de mesme en terre elle a procreé des animaux, qui retirent à la figure de l'homme, cõme est le Singe, & la beste du Bresil que l'on appelle Paresse, laquelle estãt de la stature d'vn Renardeau resemble à vne femme quand à la face, & aux cheueux, sauf en ce qui est du museau, qu'elle a fort difforme.

Le singe. La beste nõmée Paresse. Matth lib. 2 histor. indic.

Comme naissent les enfãs monstrueux.

Pour le regard des enfans monstrueux, qui naissent en terre, l'on sçait que cela prouient ou de la trop grande abõdance de matiere, ou bien de la puissance imaginatiue, qui est telle, que cõme vn cachet, elle imprime au corps de l'enfant qui est dans le ventre de la mere, ce que la mere conçoit en la fantasie.

Si ce n'est que nous croyons plustost que Dieu duquel les iugemẽs sont secrets, chastie en ceste façon les meres, qui s'adõnent à des copulations desordonnées, & abominables.

Resp. pour le regard de Merlin & autres semblables.

Et si bien les histoires font mẽtion d'vn Merlin, des Huns, des habitans de Cypre, & d'autres, & qu'elles rapportent qu'ils sont issus des Demons, il ne s'ensuit pas pour autant que la chose soit veritable: les Historiographes escriuẽt quelquefois & le plus souuent sur la parole d'autruy, sans qu'ils s'informent plus auant de la verité.

De Rhea, & Olympias.

L'on bruit que Rhea qui estoit mere de Romulus, & de Remus fut renduë enceincte des œuures du Dieu Mars, & Olympias mere d'Alexandre, de celles de Iupiter, estant en forme de Cygne, & qui est celuy qui adioustera foy à cela? Pourquoy ne croirõs nous pas plustost que ces femmes ont couuert leurs incestes, & adulteres du manteau des Dieux? Voyla pourquoy ie tiẽs que la vefue dont parle Bodin, a esté engrossée d'vn homme naturel, & non pas d'vn Demon, & que Dieu a permis qu'elle ayt enfanté vn mõstre, à fin de la punir de la copulation illicite, & detestable, dont elle s'estoit seruie pour rassasier ses appetits lubriques, & desordonnez.

Resp. au passage de la Genese.

Les noms de Dieu attribuez aux hommes.

Psal. 81.

Ramond en son Anti-Christ. c. 32. sur la fin.

Il ne nous reste plus sinon de refuter le passage de la Genese, ou il est dit, *que les fils de Dieu cogneurent les filles des hommes.* Mais qu'est-il besoin de nous y arrester, veu que tant de gens doctes l'õt interpreté? Il n'y a doute, que les fils de Dieu ne soient ceux, qui ont esté aggreables au Dieu viuant: car ils sont mesmes appellez Dieu en quelque endroit par le Royal Prophete Dauid. Tout ainsi que quelques noms que l'on donne à Dieu peuuent estre attribuez aux hõmes comme ceux de lumiere, fondement, &c.

Le desir charnel est necessaire seulement à ceux qui ont besoing de successeurs.

Aussi comme le desir charnel est seulemẽt necessaire à ceux qui ont besoin de successeur pour se conseruer chascun en son espece, & que les Anges, & Demons ne meurẽt iamais, c'est pour quoy ils ne ſont point ſubiects aux flãmes d'amour, & qu'ils n'ont pas les parties, eſquelles s'engendre l'appetit, & la ſenſualité, qui ſont les parties inferieures de l'homme.

Du tranſport des Sorciers au Sabat.

Chap. XVI.

La negatiue. Vlric mol. de Lam. Vai. li. 2. c. 13. Vuie. lib. 2. c. 29. Can. Epiſcopi. 26. q. 5. In manu. c. 11. n. 38. L'afirmatiue. Mal. Malef. par. 2. q c. 3. Bod lib. 2. c. 3 Remig. l. 1. c. 14. Gril. de Sortil. q. 7. n. 26. Dan au 4. poinct. Bo. au lieu prealle-gué.

Françoise Secretain confeſſa en quatrieſme lieu qu'elle auoit eſté vne infinité de fois au ſabbat. C'eſt l'occaſion pourquoy ie parleray du tranſport des ſorciers. Il y en a qui l'ont nié tout à plat : & meſme le Concile d'Aquilée repute infidele celuy-là, qui croit que les ſorciers ſont tranſportés d'vn lieu en autre en la ſorte, qu'elles eſtiment : & Nauarre reſolut que c'eſt peché mortel de le croire ainſi.

Ce neantmoins ie me ſuis touſiours laiſſé facilement perſuader le contraire, tãt pour l'autorité des graues perſonnages, qui ont tenu ceſte opinion, que pour les confeſſions conformes, que font preſque tous les ſorciers d'eſtre portez au ſabbat. Meſme qu'il s'en eſt trouué, leſquels n'eſtãs pas ſorciers, & s'eſtans toutesfois frottés de certaine greſſe à l'exemple & ſollicitation de leurs femmes, & fermiers, y ont eſté tranſportez à cent, & deux cens lieuës loing de leur habitation, de maniere qu'ils auoiẽt aſſez de peine de retourner en leur maiſon.

Comme les ſorciers ſont tranſportés au Sabbat.

Ie viendray à ce que i'en ay apprins. Françoiſe Secretain diſoit que pour aller au Sabbat elle mettoit vn baſton blãc entre ſes iambes, & puis prononçoit certains mots, & deſlors elle eſtoit portée par l'air iuſques en l'aſſemblée des ſorciers. Rollande du Vernois a confessé que lors qu'elle y fut, elle y alla sur vn gros mouton noir qui la portoit si viste en l'air, qu'elle ne se pouuoit recognoistre. Thieuenne Paget r'apportoit que le diable s'apparut à elle la premiere fois en plein midy en forme d'vn grãd homme noir, & que comme elle se fut baillée à luy, il l'embrassa, & l'esleua en l'air, & la transporta en la maison du pré de Longchamois, où il la cogneut charnellemẽt, & puis la rapporta au lieu mesme, où il l'auoit prise. Ce pré estoit le lieu, où se tenoit le sabbat des sorciers de Longchamois, & d'Orcieres.

Le transport de Iesus-Christ & d'autres personnages.

Mais ce qui me faict mieux croire le transport des sorciers, c'est que Iesus Christ luy mesme a esté transporté par le diable sur le pinacle du temple de Hierusalem, & puis sur le sommet d'vne montagne. Car si cela s'est faict en nostre Seigneur, pourquoy ne se pourra il pas faire aux sorciers? Ie laisse le transport de S. Philippes, de Ezechiel, d'Abacuc, d'Helie, d'Henoc, de S. Antide Archeuesque de Besançon, de S. Ambroise, du Philosophe de Thyanée, & d'vne infinité d'autres. Toutesfois ie ne puis oublier Symon le magicien, lequel au defi qu'il eust contre S. Pierre, estoit porté en l'air à l'aide de Satan. Bien est vray, qu'à la parfin il tomba, & se fracassa les iambes, ce qui aduint diuinemẽt, afin que Dieu fut glorifié en S. Pierre, ny plus ny moins qu'il le voulut estre en Moyse, lors que sa verge tournée en serpent deuora celles des Magiciens de Pharaon: Car c'est ainsi, que Dieu esleue ses ennemis, pour les precipiter par apres à leur grande

Act. 8. Ezech. 8. Philostr. D. Hiero. Dam. Lin. Vair. l. 2. c. 13 Spin. de strigib. c. 5.

Symon le Magicien.

Exod. 7.

confusion, & à son honneur.

Responce au Cõcile d'Aquilée & au Nauarre.

Au reste quant au Concile d'Aquilée, ceux qui admettent le trāsport des sorciers, y ont suffisammēt respōdu, Et pour le regard du Nauarre il semble qu'il veuille nier seulement le sabbat: ce que l'on ne peut neantmoins faire auec raison, d'autant qu'il n'y a rien de plus asseuré que les sorciers s'assemblent. Car autrement il seroit impossible qu'ils s'accordassent si bien en ce que ils content de leurs sabbats, attendu mesme que ils en ont plusieurs, & en diuers lieux. L'on void cōme ils rapportent tous vnanimemēt, les offertoires des chandelles, les baisers au parties honteuses, les danses, les accouplements, les banquets, les battemens d'eau, qui se font en leurs assēblées: car tout y est de mesme tout par tout. Ce qui se faict ainsi, pour ce que le diable est tousiours semblable à soymesme, ny plus ny moins que le singe est tousiours singe.

Les sorciers se trouuēt tous vniformes en leurs depositions.

Il y en a lesquels n'estāt pas sorciers se sont neantmoins trouué au sabbat.

D'auantage comme confutera-on ceux qui se sont trouuez au sabbat encores qu'ils ne fussēt pas sorciers? Pierre Vuillermoz, Christofle du village d'Arāthon en Sauoye, Claude & Charlos, freres & Perrenette Molard ont confessé qu'ils auoient esté conduits au sabbat sous Coirieres en vn lieu appellé és combes: & qu'ils y auoient veu faire tout ce que nous venōs de dire. Cependāt le plus aagé d'eux ne pouuoit pas exceder les dix ans: ie mets leur aage pour faire voir, qu'ils n'estoient pas sorciers, & pour monstrer que le diable n'auoit pas le credit, ny l'authorité de leur representer en dormant vne idee de ces baisers, de ces offertoires, &c. Finalement Antoine Tornier, & Iacquema Paget ont rapporté que retournans vne fois de glanner, & passans au lõg du pré de Longchamois, comme elles apperceurent que l'on tenoit le sabbat au mesme lieu: elles mirent bas leur fardeaux, & y allerent & firent comme les autres, sçauoir les offertoires, &c. Et puis reprindrẽt leurs fardeaux & se retirent en leurs maisons. Ie ne sçay qui est celuy là qui voudroit maintenir, que ces deux femmes fussent pour lors endormies, & que seulement elles allassent au sabbat par fantasie, & imagination.

Comme, & en quelle façon les sorciers sont portez au Sabbat.

CHAP. XV.

FRançoise Secretain y estoit portée sur vn baston blanc. Rollande du Vernois y alloit sur vn gros mouton noir, qu'elle cheuauchoit en forme d'vn cheual. Satan y transporta Thieuenne Paget estant en forme d'vn homme noir. Les autres y vont tantost sur vn bouc, tantost sur vn cheual, & tantost sur vn ballet, & sortent le plus souuent par la cheminée. Les vns se frottent au parauant de certaine gresse, les autres ne se frottent rien. Il y en a, lesquels n'estans pas sorciers, & s'estans cependant oincts ne delaissent pas de s'enuoler par la cheminée, & d'estre transportez comme s'ils estoient sorciers.

Parac. de Malef. c. 16. Bod. li. 2. c. 3. Remi. li. 1. c. 14.

La gresse, ny l'oignement ne seruent de rien aux sorciers pour leur trãsport.

Neantmoins il ne faut pas croire que ce soit la gresse, ny l'oignement qui cause ce transport:

Vbi le c. 24. 26. car nous monstrerons cy apres que ny la gresse, ny les parolles, ny les caracteres ne seruent de rien aux sorciers.

Ces derniers donc sont trensportez par vne iuste permission de Dieu, qui les chastie ainsi pour leur trop grande curiosité.

Il s'en trouue encores, qui vont au sabbat sans beste, ny baston, & il faut croire aussi que le baston, ny la beste ne profite non plus aux sorciers que la gresse, mais que c'est le demon seul qui est comme vn vent, lequel les porte, ny plus ny moins que l'on voit vn tourbillon desraciner les arbres les plus hauts, & les transporter deux & trois lieues loing de leur place. L'on a mesme veu des personnes estre transportées en ceste façon. Il me suffira de mettre Romule pour exéple, lequel estant entre ses Senateurs au champ du marais de la chéure, fut esleué en l'air par vn tourbillon de tempeste, qui suruint, sans iamais plus retourner.

Le demō porte les sorciers au sabbat.

Parac. de malef. c. 17. Vuier. li. 2. c. 29.

Plutar. in vita Romul.

Les sorciers vont quelquefois de pied au Sabbat.

CHAP. XVI.

LEs sorciers neantmoins vont quelquefois de pied au sabbat. Ce qui leur aduient mesme lors que le lieu où ils font leur asséblée n'est pas guieres eslongné de leur habitation. Pierre Gandillon, George Gandillō son fils & Antoine Gandillon sa fille alloient ainsi à pied au Sabbat en vn lieu appellé és fontenailles distāt de deux traits d'arquebuze de Nezā, qui estoit le lieu de leur origine, & domicile. Clauda Iamprost, Clauda Iãguillaume, Iacquema Paget d'Orcieres, alloyent aussi au Sabbat a pied au pré de Lõgchamois, distãt d'Orcieres enuirõ vn quart de lieuë. Groz Iacques Bocquet y a esté de mesme façon tant au pré de Longchamois, qu'en vn autre lieu appellé és Combes soubs Coirieres, auquel lieu Pierre Vuillermos d'Arãthon, Claude, & Claude Charlos freres, & Perrenette Molard ont semblablement esté a pied : Pierre Vuillermos adioustoit que pour y aller il falloit passer vn petit bief. I'ay leu que le mesme se faisoit en plusieurs autres endroits. *Remig. lib. 1. cap. 14.*

Si les Sorciers vont en ame au Sabbat.

CHAP. XII.

L'affirmatiue. *Voy Bod. l. 2. cap. 5.* *Sorciers qui sembloient estre morts retournent à eux.*

IL y en a d'autres, qui tiennent que les sorciers vont le plus souuent au Sabbat en ame seulement. Ce que l'on verifie par plusieurs exemples de quelques sorciers, lesquels estans demeurez comme morts en leurs maisons par l'espace de deux ou trois heures, confessoyent en fin que pour lors ils estoyent en esprit au Sabbat, & r'apportoyent particulierement tout ce qui s'estoit faict & passé au mesme lieu: & à ce propos Gros Iacques disoit que l'on pouuoit bien aller au Sabbat en ame seulement, & Clauda Coirieres disoit aussi, que si son esprit auoit esté au Sabbat, qu'elle n'en sçauoit rien. George Gandillon la nuict d'vn Ieudy sainct demeura dans son lict comme mort par l'espace de trois heures, & puis retourna à luy en *George Gãdillon.*

surſaut. Il a du depuis eſté bruſlé en ce lieu auec ſon pere, & vne ſienne ſœur.

Exemple notable. Il y a quelque temps qu'vn certain du village d'Vnau, au reſſort d'Orgelet, amena ſa femme en ce lieu, & l'accuſoit d'eſtre ſorciere, diſant entre autres choſes, qu'à certaine nuict d'vn Ieudy, cõme ils eſtoyent couchez enſemblement, il ſe donna garde que ſa femme ne ſouffloit, ny pippoit. Surquoy il commença à l'eſpoinçonner, ſans qu'il la peuſt iamais faire eſueiller, & a ceſte occaſion il tomba en vne peur, de maniere qu'il ſe voulut leuer pour appeller ſes voiſins, mais quelque effort qu'il fiſt, il ne luy fuſt pas poſſible de ſortir du lict, & luy ſembloit, qu'il eſtoit entrappé par les iambes, meſme qu'il ne pouuoit encores crier. Cela dura bien deux ou trois heures, & iuſques à ce que le coq chanta : car lors la femme s'eſueilla en ſurſaut: & ſur ce que le mary luy demanda qu'elle auoit, elle reſpondit qu'elle eſtoit ſi laſſe du trauail qu'elle auoit eu le iour precedent, qu'eſtãt preſſée du ſommeil, elle n'auoit riẽ ſenty de ce que ſon mary luy auoit faict. Alors le mary eut opinion qu'elle venoit du ſabbat: car deſia au parauant il la ſoupçonnoit quelque peu, à raiſon qu'il eſtoit mort du beſtail à quelques ſiens voiſins, qu'elle auoit menacez precedemment.

La nuict du Ieudy, nuict ordinaire du ſabbat. Voyle c. 19. Le coq chãtant le Sabbat ceſſe.

Et certes il y a grande apparence que ceſte femme auoit eſté en eſprit au Sabbat. Par ce, premierement que l'ectaſe, dont nous auons parlé, luy aduint la nuict du Ieudy, qui eſt la nuict ordinaire du Sabbat.

D'auantage comme le coq chanta, elle s'eſueilla en surſaut, ſelon que nous auons dict. Or le Sabbat qui ſe faict nuictamment dure iuſques à tant que le coq chante, mais depuis qu'il a chanté, tout vient a diſparoir. *Voyle c. 18.*

Troiſieſmement, l'excuſe qu'elle print, monſtre bien qu'il y auoit de la malice de ſon coſté, Car quel homme a l'on iamais veu ſi endormy d'vn trauail, & labeur precedent, que l'on n'ayt peu facilement eſueiller? George Gandillon ſ'excuſoit de la meſme façon, lors que l'on luy demanda pourquoy il ne ç'eſtoit point eſueillé encores que l'on l'euſt pouſſé rudement pluſieurs fois.

Le mary ſe ſent entrappé par les iambes, & ne peut crier.

En quatrieſme lieu, il ſe recognoiſt qu'il y auoit de ſortilege en ce que le mary ſe ſentoit entrappé par les iābes, & qu'il ne pouuoit crier. Finablemēt les eſcheuins d'Vnau, qui aſſiſtoient le mary, aueroyent que ceſte femme eſtoit deſcenduë de parens, que l'on ſuſpectoit deſia de ſorcelerie. Voyla comme l'on peut dire que les ſorciers vont au Sabbat en ame, & eſprit.

La negatiue.

Mais chacun en iugera ſelon qu'il luy plaira quant à moy, ie n'ay iamais eſté de ceſt opinion, & croy que la choſe ſoit du tout impoſſible: Car s'il eſt ainſi que l'ame eſtāt ſeparée du corps, il faut neceſſairement que la mort s'en enſuiue, comme ſe pourra il faire que le ſorcier, qui aura eſté en eſprit au ſabbat, retourne par apres en vie par le miniſtere du diable? Cela ne peut eſtre que par miracle, qui cōuient, & eſt propre à Dieu ſeul, & non pas à Satan qui n'opere rien, que par les cauſes ſecondes, & naturelles.

Pſal. 135. D. Thom. Grill. de Sortilge. 10. nu. 1. Richer au diſcours des Images, c. 38.

I'ayme donc mieux dire, que les ſorciers aſſistent quelquefois au Sabbat, & a d'autres non. Lors qu'ils y assistent c'est chose asseurée, qu'ils y võt en corps & en ame, & que Satan suppose vn fantosme en leur place qui a leur ressemblance, si bien que l'hõme embrasse le plus souuent vn simulachre au lieu de sa femme, ny plus ny moins que les poëtes feignent qu'Ixion embrassa vne nuée au lieu de Iunon.

Vide Gril. q. 7. nu. 40.

Les sorciers quelquefois assistent au Sabbat, & à d'autres non.

Satan en succube.

Satan se met encores pour lors quelquefois en succube que le mary cognoit cõme si c'estoit sa femme. Il ne faut point douter qu'a d'autrefois les sorciers n'aillent en corps, & en ame au Sabbat, sans que Satan suppose aucun fantosme en leur place. Mais quand cela aduient le Diable endort si profondement ceux de la maison auec vne mandragore, ou quelques autres breuages narcotiques, qu'ils ne se peuuent esueiller pour quelque bruit que l'on face, tellemẽt que le mary qui aura veu coucher sa femme auant que de s'endormir, aura le matin ferme opinion qu'elle n'aura point bougé de toute la nuict, & neantmoins elle aura esté au Sabbat par l'espace de deux ou trois heures.

Des sorciers qui vont en corps, & en ame au Sabbat.

Remi. lib. 2. cap. 4.

Des sorcieres qui demeurẽt insensibles, & comme mortes en leur maison.

Cap. Episc. 26. q. 5. Spin. g. de Srig. c. 14. Binsfel. De confess. malef. cõclu. 7. in 5. dub.

Quant aux sorciers qui demeurẽt insensibles, & comme morts, il est a croire que Satan les endort, comme ceux dont nous venons de parler, & qu'il leur presente en dormãt ce qui se faict au Sabbat, si viuement qu'ils pẽsent y auoir esté, d'où vient, qu'ils en rapportent merueille: mais ie tiens que cecy n'aduient iamais sinon à ceux, qui ont desia esté corporellemẽt en l'assemblée des sorciers, & qui se sont precedemment rangez soubs l'estandard de Satan.

Le Sabbat se tient ordinairement de nuict.

Chap. XVIII.

FRançoise Secretain adioustoit qu'elle alloit tousiours au sabbat enuiron la minuict, Iacques Bocquet, Rollande du Vernois, Clauda Iamprost, Clauda Iamguillaume, Thieuenne, & Iacquema Paget, Antoine Tornier, Pierre Gandillon, George Gandillon, Antoine Gandillon, & tous les autres sorciers, que i'ay eu en main ont dict le mesme. Or ce n'est pas chose nouuelle, ny estrange, que Satan face ses assemblées de nuict. Veu que Iesus Christ nous asseure *Ad Ephes. 6. Matth. 8.* que celuy, qui faict mal, à la lumiere en haine, & qu'ailleurs il est dict, que Satan est le recteur des tenebres, & que sa demeure est aux tenebres. Aussi trouuõs nous d'autre costé, que le demõ *Exod. 11.* faict ses efforts ordinairemẽt de nuict, comme il s'est veu aux aisnez des hommes, & des bestes d'Egypte, qu'il tua au point de la minuict. Mais ce malin a biẽ monstré, qu'il se plaisoit au tene- *Alex. lib. 3. Gen. cap. 12. Ouid. lib. 5. Fast.* bres, en ce qu'il a voulu de tout temps que ce que l'on luy offriroit, fut noir.

Il est encore vraysemblable que Satan conuoque les sorciers de nuict, à fin qu'ils ne soyent *Grilla. de Sortil. ca. 4. num. 3.* descouuerts. Car pour mesme raison ils dansent en leurs assemblées dos contre dos. *Voy le c. 21.*

Mais neãtmoins ces assemblées diaboliques se font tellement de nuict, que lors que le coq à chanté tout vient à disparoir. Ce que ie sçay par le rapport des prenommez, & specialement de Clauda Iamguillaume, Antoine Tornier, & Iacquema Paget, qui ont dict, qu'elles n'auoyent *Tout aussi tost que le coq chante le Sabbat viẽt à disparoir, & pourquoy.*

guieres demeuré au sabbat, pource que le coq chanta incontinent qu'elles y arriuerent.

Il y en a, qui ont estimé que la voix du coq est funeste à Satan, tout ainsi qu'elle est formidable au lyon. Et à la verité, si le demon a crainte d'vne espée nue, il pourra bien auoir peur de la voix du coq.

Mais ie tiens plustost, que Dieu, qui est misericordieux, veut par ce moyen attirer à repentãce ces pauures gens abusez, qui l'ont renoncé, à l'exemple de S. Pierre, lequel recogneut sa faute apres que le coq eust chanté trois fois. Occasiõ pourquoy cet animal est resté pour vn aduertissement aux Prelats, & pasteurs de faire leur deuoir. Venons maintenant au iour du sabbat.

Du iour du Sabbat. Chap. XIX.

Vide Remig. lib. 1. cap. 14.

I'Ay estimé autresfois, que le sabbat se tenoit seulement la nuict du Ieudy, d'autãt que tous les sorciers que i'ay veu, l'ont ainsi rapporté. Mais depuis que i'ay leu, que quelques vns de la mesme secte, ont confessé qu'ils s'assembloient sçauoir les vns la nuict d'entre le Lundy & le Mardy, les autres la nuict d'entre le Vendredy, & le Samedy, les autres la nuict, qui precedoit le Ieudy ou le Dimanche, de là i'ay conclud, que il n'y auoit point de iour prefix pour le sabbath, & que les sorciers y vont lors qu'ils y sont mandez par Satan.

Il n'y a point de iour prefix pour le Sabbat.

Du lieu du Sabbath. Chap. XX.

LEs vns ont remarqué q̃ le lieu du Sabbat est tousiours notable, & signalé par le moyẽ de quel-

quelques arbres, ou croix. Mais quant à moy ie ne sçay qu'en dire : car les sorciers du costé de Longchamois s'assembloyent en vn pré, qui est sur le grand chemin tirant à S. Claude, ou l'on voit les ruines d'vne maison. Ceux du costé de Coirieres au contraire tenoyẽt leur sabbat sous le village de Coirieres proche l'eau, en vn lieu appellé és Combes, qui est du tout sans chemin. Pierre Gandillon, George Gãdillõ, & Antoine Gandillon s'assembloyent en vn lieu dit és Fontenelles sous le village de Nezã, qui est vn lieu assez descouuert. Et Iacquema Paget, & Antoine-Tornier ont rapporté, que le Sabbat des sorciers de la Moüille se tenoit en la court du prieuré du mesme lieu. Ainsi donc il se voit qu'il ne se faut pas beaucoup arrester au lieu des Sabbats, & assemblées des sorciers, lesquels aussi n'ont pas beaucoup de peine de s'y retrouuer, veu que Satan les y conduit, & porte.

Bien diray-ie qu'il faut, qu'il y ayt de l'eau en ce lieu, au dire d'Antoine Gandillon : car comme l'on luy demãda, si elle auoit esté en la Georgiere, elle respondit que le Sabbat ne se tenoit pas là, par ce qu'il n'y auoit point d'eau. Or ie croy que l'eau est requise au Sabbat, d'autant que pour faire la gresle, les sorciers battent ordinairement l'eau auec vne baguette, mesmement qu'à faute d'eau ils vrineront, & puis battront leur vrine.

Il faut qu'il y ayt de l'eau au lieu du Sabbat & pourquoy.

De ce qui se fait au Sabbat. Et mesme de l'offertoire des chandelles, du baiser aux parties honteuses, des danses, de l'accouplement du Demon auec les Sorciers, Des festins, Du conte que rendent les Sorciers à Satan, Du batement d'eau pour faire la gresle, De la messe que l'on y celebre, De l'eau beniste que l'on y faict, & comme Satan se consomme en feu, & reduict en cendre.

CHAP. XXI.

LE cinquiesme poinct de la cõfession de Frãçoise Secretain porte, qu'elle auoit dansé au Sabbat, & qu'elle y auoit batu l'eau pour faire la gresle. Ie ne doute pas, qu'elle n'y eust bien faict d'autres choses. Mais les sorciers ne confessent

Les sorciers ne confessent iamais tout.

iamais que la moitié de ce qu'ils ont fait. Neantmoins cõme i'ay aprins a peu pres de plusieurs autres, tout ce qui s'y faisoit : c'est pourquoy ie me propose de le coucher icy par escrit, puisque l'occasion s'en presente.

Bod. l. 2. c. 4.

Les sorciers donc estãs assemblées en leur Synagogue adorent en premier lieu Satan, qui apparoit là tantost en forme d'vn grand homme noir, & tantost en forme d'vn bouc, & pour luy faire plus grand hommage, ils luy offrent des chandelles, qui rendent vne flãme de couleur bleuë, & puis le baisent aux parties hõteuses de derriere. Quelques vns le baisent sur l'espaule.

Comme les Sorciers adorent Satan, & de leur offertoire de chandelle.

Caron en son Ante-Christ marq. 1. Rem 1. c. 17.

Par apres ils dansent ; & font leurs dances en rond dos contre dos : les boiteux y vont plus dispostement que les autres au rapport de Clauda Iamprost, & de Françoise Secretain : car elles disoient que les boiteux incitoient les autres à sauter & danser.

Mais il y a encores des demons qui assistent à ces danses en forme de boucs, ou de moutons, selon qu'il a esté verifié par les prenommez, & plusieurs autres, & mesme Antoine Tornier a confessé que lors qu'elle dançoit, vn mouton noir la tenoit appondue par la main auec ses piedz qui estoient, comme elle disoit, bien haireux, c'est à dire rudes, & reuesches.

Les demons assistent aux danses en forme de boucs & moutons.

Les haubois ne manquent pas à ces esbats: car il y en a, qui sont commis à faire le deuoir de menestrier: Satan y ioue mesme de la flutte le plus souuent. Et à d'autre fois les sorciers se cõtentẽt de chanter à la voix, mais ils disent leurs chansons pesle mesle, & auec vne cõfusion telle qu'ils ne s'entẽdent pas les vns les autres. Quelque fois, mais raremẽt, ils dansent deux à deux, & par fois l'vn ça & l'autre là: & tousiours en confusion.

Les aubois aux dãses des sorciers.

Les danses finies, les sorciers viennent à s'accoupler: le fils n'espargne pas la mere, ny le frere la sœur, ny le pere la fille: les incestes y sont communs: car aussi les Perses auoient opinion, que pour estre bon sorcier & magicien, il falloit naistre de la mere & du fils.

De l'accouplement des sorciers.

Le sorcier doit sortir du fils, & de la mere,
S'il est vray ce que croit le Persan temeraire.

Catull. Le sorcier du fils, & de la mere.

Ie laisse à penser si l'on n'y exerce pas toutes les autres especes de lubricité du monde. Mais ce qui est encore plus estrange, c'est que satan se met là en incube pour les femmes, & en succube pour les hõmes. George Gandillon, & Antoine Gandillon l'ont ainsi recogneu, & deuant eux Antoine Tornier, Iacquema Paget,

Satan en Incube & Succube.

& plusieurs autres.

Des bâquets des sorciers. Les sorciers apres s'estre veautrez parmy les plaisirs immondes de la chair, banquettent, & se festoient. Leurs banquets sont composez de plusieurs sortes de viãdes selon les lieux & qualitez des personnes. Par de çà, la table estoit couuerte de beurre, de froumage, & de chair, Clauda Iamguillaume, Iacquema Paget, & quelques autres disoient qu'il y auoit vne grãde chaudiere sur le feu, dans laquelle chacun alloit prendre de la chair.

Les sorciers n'õt point de sel en leurs banquets. L'on y boit aussi tantost du vin, & tantost de l'eau. Antoine Tornier disoit, qu'il y auoit beu du vin dans vn goblet de bois, les autres ne parloient que d'eau.

Mais il n'y a iamais du sel, dont la raison est bonne: car il represente l'immortalité, que le diable a extrememẽt en haine. Outre que Dieu a commãdé, que l'on mesla du sel en tous sacrifices, & oblations, qui luy seroient faictes, d'où vient que l'on s'en sert au Baptesme, qui est vn Antidote souuerain contre la puissance du diable. L'on peut encores adiouster, que comme le sel est vn signal de sagesse, Dieu par vn secret iugemẽt ne permet pas que l'on en vse au sabbat, pour donner à cognoistre aux sorciers, que tout ce qu'ils font n'est que pure folie.

Leuit. 2. Marc. 9. voy le cha 9. Sel signal de sagesse.

Ils mangent du pain. Il y en a qui ont escrit que de mesme l'on ne s'y seruoit point de pain. Mais Christofle du village d'Aranthon a rapporté le contraire, & dict qu'elle auoit mãgé au sabbat du pain, de la chair, & du fromage.

Remig. lib. 1. c. 16.

Cependant tous les sorciers accordent, qu'il

il n'y point de goust aux viandes, qu'ils mãgent au sabbat, & que la chair n'est autre chair que de cheual. *Il n'y a plus de goust en leurs viãdes.*

Ils adioustẽt quasi tous, que lors qu'ils sortẽt de table, ils sont aussi affamez, que quand ils y entrent. Clauda Vuillat du village de Mirebeau disoit en son particulier, que ce qu'on mangeoit au sabbath n'estoit que vent. Christofle d'Aranthon disoit aussi à ce propos qu'il luy sembloit, qu'elle ne mangeoit rien. D'où se voit comme le Diable est tousiours trompeur, puis qu'il repaist les siens de vent au lieu des viãdes solides, comme s'ils estoient des Chameleons. I'ay leu que deux Comtes sorciers à son exemple traictoiẽt leurs hostes de telle façon, qu'ils sortoiẽt tousiours affamez du festin. Toutesfois il faut croire que le plus souuent l'on mãge au sabbat à bon escient. *Ils sortent affamez de leurs festins.* *Deux Cõtes sorciers.*

Le banquet paracheué, l'on rend conte à Satan de ce que l'on a faict dés la derniere assemblée: & ceux là sont les mieux venus, qui ont fait mourir le plus de persõnes, & de bestes, qui ont baillé le plus de maladies, qui ont gasté le plus de fruicts, bref qui ont commis le plus de meschancetez, & abominations. Les autres, qui se sont comportez, vn peu plus humainement, sont sifflez, & mocquez de tous, l'on les faict mettre à l'escart, & sont encore le plus souuẽt battus, & mal traictez de leur maistre. De là est venu ce cõmun prouerbe qui court entre eux. Fay du pis que tu pourras, & le Diable ne sçaura que te demander. *Du compte qu'ils rendẽt à Satan.* *Voy Bodin. liu. 2. c. 4.* *Prouerbe vsité entre les sorciers.*

C'est icy que Satan se bande auec ses supposts

Satã se bandé auec ses suppofts cõtre le ciel, & les hommes.

contre le Ciel, & qu'il conspire la ruine du gẽre humain: il faict renõcer de nouueau à ces miserables, Dieu, Chresme, & Baptesme: il leur faict rafraischir le serment solemnel, qu'ils ont faict de ne iamais parler de Dieu, de la Vierge Marie, ny des saincts & sainctes, si ce n'est par mocquerie, & derision, il leur faict quitter leur part de paradis: il leur faict promettre, qu'ils le tiendrõt au contraire à iamais pour leur seul maistre, & qu'ils luy seront tousiours fideles: il les exhorte par apres de faire le plus de mal qu'ils pourront, nuire à leurs voisins, de les rendre malades, de faire mourir leur bestail, de se venger de leurs ennemis, de perdre, & gaster les fruits de la terre, & leur baille de la poudre, & de la gresse propre à celà. Du moins il le leur faict ainsi croire.

Remig. lib. 1. cap. 18.

Les sorciers prestẽt le serment de ne se point reueler l'vn l'autre.

Il le leur faict encores iurer bien solemnellement qu'ils ne s'accuseront point les vns les autres: & qu'ils ne rapporteront aucune chose de ce qui se sera passé entre eux, selon que Iacquema Paget l'a confessé, ce qui l'occasionnoit de ne rien dire contre Antoine Tornier: A quoy les Iuges doiuent bien auoir esgard.

Les sorciers font la gresle.

Les sorciers en sixiesme lieu font la gresle: ie diray cy apres comme elle se faict.

Voy le ch. 22.

Voy Ramõd en son Antichrist cap. 7. nomb. 5.

De la messe des sorciers.

Quelquefois encore l'on dit la Messe au Sabbat: mais ie ne puis escrire sans horreur la façon auec laquelle l'on la celebre, pource que celuy qui est commis à faire l'office, est reuestu d'vne chappe noire sans croix: & apres auoir mis de l'eau dans le calice, il tourne le dos à l'autel, & puis esleue vn rond de raue teincte en noir au lieu de l'hostie, & lors tous les sorciers crient à haute voix, *Maistre ayde nous.*

Le Diable aussi pour faire l'eau beniste pisse dans vn trou à terre, & par apres les assistás sont artousées de son vrine auec vn asperges noir par celuy, qui faict l'office. *De l'eau beniste des sorciers.*

Finalement Satan prenant la figure d'vn bouc se consomme en feu, & se reduit en cendre, laquelle les sorciers recueillent, & cachent, pour s'en seruir à l'execution de leurs desseins pernicieux, & abominables. *Voy Bod.l.2. chap.4.* *Satan se reduit en cendre.*

Or auant que de mettre fin à ce chapitre ie desire que l'on remarque, comme le Diable se faict singe en tout du Dieu viuant. Car a quelle occasion se faict-il adorer, sinon pour l'imiter? Et ces dances ne sont-elles pas a l'exemple des anciens Hebrieux, qui sautoient en signe d'allegresse toutes & quantesfois qu'ils offroiét quelque chose à Dieu, ou bien qu'ils luy chantoient des loüanges? comm'il se lit de Dauid quand il ioüoit de la harpe deuant l'Arche du vieil Testament? Mais ne iugerons-nous pas encore, que ce mal-heureux serpent se consomme, & reduit en cendre au Sabbat, à l'imitation de ce que fist Iesus-Christ au dernier banquet qu'il prepara à ses Apostres, où il leur donna son corps à manger, & son sang à boire? Ie laisse ce qui est du sacrifice abominable qu'ils font, d'autant que les cheueux m'herissent en teste quand i'y pense. Et à la verité ie n'é eusse rien touché, n'estoit que ie tiens, que c'est vn fort argumét q̃ nous pouuons prendre pour soustenir la realité du corps, & du sang de Iesus-Christ au S. Sacrement de l'Autel: Car si nous failliós en cela, le diable ne feroit *Il se faict singe de Dieu Matth.4.C. nec mirum. 26. q.5.* *2. Reg. 6.* *Matth. 26. Luc. 22. Marc. 14.* *Argument pour le sainct Sacremét de l'Autel.*

iamais rien au mespris de la Messe, afin de nous laisser tousiours glisser de plus en plus en vne idolatrie perpetuelle. Il en fait tout-autant pour le regard des Sainctes Reliques, que nous adorons, & venerons. Car en mespris d'icelles, il se faict baiser les parties les plus honteuses par ses supposts. Disons maintenant, pour ne nous rien esgarer de nostre discours, si les sorciers font la gresle.

Argument pour les sainctes Reliques.

Si les sorciers font la gresle. Chap. XXII.

L'affirmatiue.

IAcques Bocquet, Françoise Secretain, Clauda Iamguillaume, Clauda Iamprost, Thieuéne Paget, Antoine Tornier, Pierre Gandillon, George Gandillon, Antoine Gandillon, Christofle du village d'Aranthon, & plusieurs autres ont confessé, qu'ils faisoyent la gresle au Sabbat, à fin de gaster les fruicts de la terre: ils battoyēt selon qu'ils disoyent, à cest effect l'eau auec vne baguette, & puis iettoyent en l'air, ou bien dedans l'eau certaine poudre, qu'ils auoient eu precedemment de Satan, & par ce moyen il s'esleuoit vne nuée, laquelle se conuertissoit par apres en gresle, & tomboit la part où il plaisoit aux sorciers: c'est ainsi donc que nous pouuons dire que ces gens font la gresle.

Comme les sorciers font la gresle.

A quoy sert ce que nous lisons d'vn Haquin Prince de Nouerge, qui combatoit ses ennemis à coup de gresle. Des Brachmanes, qui faisoient tantost le beau temps, & tantost la pluye. D'vn Iulian, & de quelques autres Prestres sorciers, lesquels firēt plouuoir. Sçauoir le premier en fa-

Exemples remarquables. Haquin prince de Nouerge. Les Brachmanes. Iulian. Prestres sorciers.

ueur de l'armée Romaine, extenuée de soif sous Marc Antoine: & les autres en faueur des François assiegez par les Espagnols, en vne ville au Royaume de Naples. D'vn Hery Roy de Suece, & des Finnes, qui commandoyent aux Vents, si auant que ces derniers les vendoyent aux marchands.

Henry Roy de Suece.
Les Fiennes.
Voy Vayr. li. 2. cap. 14.
Remi. l. 3. c. 12. Bod. li. 2. c. 8.

Les Romains encores auoient des Prestres, qui estoient chargez de procurer, ou appaiser les foudres, & tonnerres. Dequoy ils ont faict des Loix, qui se retrouuent entre celles des douze tables.

Les Prestres Romains pour les foudres.

Toutefois ie ne croiray iamais que les sorciers puissent faire la gresle. Mais bien croiray-ie que Satan la peut faire. Il y en a qui tiennent, que lors que le Diable preuoit la tempeste venir, il faict croire aux sorciers que ce sont eux, qui en sont cause. Les autres ont escrit que Satan garde dans des cauernes, comme dans des magazins, des nuées de gresle, qu'il tire de là, lors qu'il est inuoqué par ses supposts. Mais posons que cela soit vray, comme i'estime qu'il peut estre, si est-ce qu'il ne s'ensuit pas pour autant que Satan ne puisse faire la gresle: Car la gresle se faict naturellement, c'est à sçauoir par vn meslãge de vapeurs, & exhalaisons, qui sont esleuées en la moyenne regiõ de l'air. Or ces matieres là, comme aussi toutes les autres, qui sont naturelles, obeissent à Satan: Ce que nous apprent le discours de Iob, où il est dict, que cõme Satan eust obtenu de Dieu la puissance de nuire à Iacob, & de l'endõmager, le foudre tomba tout aussi tost du Ciel, qui toucha ses oüailles: les vents s'es-

La negatiue.
Satan peut faire la gresle.
Bod. li. 2. c. 2. Parac. cap. 4. de malef.
La gresle se faict naturellement.
Toutes les matieres naturelles obeissent à Satan.
Iob. 1.

meurét à l'instant, qui luy ruinerent ses maisons, & accablerent ses enfans. Bref le Ciel s'esleua tellement contre luy par les menées de Satan, qu'il perdit en vn seul momét tous ses moyens, quoy que ce fut le plus riche hõme de l'Orient.

Exod. 8.

Des grenoüil les & serpẽts des magiciẽs de Pharaon.

Il ne sera pas mal à propos d'alleguer icy pour confirmation de nostre dire, les grenoüilles, & les serpens des magiciens de Pharaon. Par ce qu'il n'y a doute, qu'elles n'ayent esté faictes par vne apte application des choses agentes auec les patientes, estant telle l'opinion de S. Thomas de Aquin, laquelle est fondée en raison, attẽdu que les grenoüilles se font de corruption, & qu'il n'est pas incõuenient, qu'vne verge, ou baguette pourrie se conuertisse en serpent selon qu'il a esté remarqué par quelques naturalistes. Car mesme le semblable se faict des cheueux d'vne femme cachez dans du fumier.

Thom. Aug. Vair. liu. 2. c. 12.

Vne baguette en serpent.

Les cheueux d'vne femme en serpents.

Et n'est ja besoing s'arrester à ce que ces choses dõt nous venons de parler, ont esté faictes en vn instant, d'autant que Satan & les Demons marchent en leurs actiõs d'vne si grande vitesse, qu'il semble que tout ce qu'ils font soit miracle. Mais celuy qui pesera que la nature peut estre aidée & aduancée par l'art, ne trouuera pas estrange que Satan face en vn moment ce que la nature produit auec quelque espace de temps.

Les Demons operẽt en vn instant.

Comme se doiuent entẽdre les miracles des Demons.

Or la gresle tombe facilement la part ou veullent les sorciers, à raison que comme la puissance de Satan est grande en l'air, ce meschant conduit la nuée, ou il luy plaist. Encores q̃ Dieu ne permet pas tousiours, que cela aduienne. Ce que ie sçay par le rapport de Rollande du Vernois,

Françoise Secretain, & de quelques autres sorcieres, qui ont dit qu'elles ont eu a plusieurs fois la volonté de faire gresler sur les fruicts de certains villages, & toutesfois que la gresle alloit choir sur les rochers, & hautes montagnes sans porter aucun dommage.

Il y a des sorciers qui ne sont pas contents de la gresle.

Vous trouuez mesme des sorciers pauures, & mendians, qui ne sont pas contens de la gresle pour la crainte qu'ils ont de mourir par apres de faim. De façon qu'ils s'en combattent au sabbat auec les riches. L'on en a bruslé à Champlite, qui l'ont ainsi confessé, iusques à dire que comme les riches vouloient quelquefois faire la gresle, & que les pauures y contredisoient, il falloit iouer aux dez, pour sçauoir lequel des parties l'emporteroit.

Les sorciers iouent aux dez.

Mais ie me suis souuentefois esmerueillé d'vne chose que faict Satan à l'endroit des sorcieres, lors qu'elles viennent à faire la gresle: C'est qu'il leur demande de leurs cheueux. Ie ne sçay s'il seroit point amoureux des cheueux de ces sorcieres. Bien diray-ie, qu'il y a des Theologiẽs qui ont tenu que les mauuais Anges estoient amoureux des cheueux des femmes, mesme que le suffragan de Tresues dit, que les Demons incubes s'attachent plustost aux femmes qui ont les plus beaux cheueux, & à ce propos l'on allegue ce que S. Paul escrit aux Corinthiens, sçauoir, Qu'il faut que la femme marche le chef couuert, à raison des Anges.

Parac. c. 7. q. de Malef.

Satan demãde aux sorcieres de leurs cheueux, & pourquoy.

Binsf. de cõf. malef. conc. 5

1. ad Corin. 11.

Toutesfois i'ayme mieux croire, que les sorcieres baillent de leurs cheueux à Satã, comme pour ares du contranct qu'elles font auec luy, &

Les cheueux des sorcieres se donnent.

pour ares du contract que elles sont auec Satan.

ce pendant, ce malheureux ne pert pas ces cheueux. Car il les decouppe menu, & puis les mesle parmy les exhalaisons, auec lesquelles il compose la gresle. D'où vient que nous trouuōs ordinairement des petits poils dans ceste gresse, que nous pouuons pour lors iuger estre vraye gresle des sorciers.

Le batement d'eau, ny la poudre ne seruent de rien aux sorcieres Parac. ch. 5. de malef.

Le salpetre, & l'alun causent les nuées, & les tonnerres.

Au reste il appert assez de ce que nous auons traicté en ce chapitre, que le batemét d'eau des sorciers, non plus que la poudre, qu'ils iettent en l'air, ne leur sert de riē pour la composition de la gresle. Ains est vraysemblable que tout cela n'est qu'vn signal de la pactiō, qu'ils ont auec Satā: encores qu'il se pourroit faire que la poudre seroit bien telle, qu'elle auroit quelque vertu suffisante pour exciter de la tēpeste. Car l'on a experimenté que le salpestre meslé auec de l'alun egendre des nuées, & cause des froidures, & des tonnerres en l'air.

De la poudre des Sorciers. CHAP. XXIII.

FRançoise Secretain confessa en sixiesme, & septiesme lieu, qu'elle auoit faict mourir Loys Monneret & plusieurs vaches. Ce qui me dōnera occasion de discourir des calamitez, que les sorciers apportent: Car ils nuisent aux personnes, au bestail, & aux fruicts de la terre: Mais comme les moyens qu'ils tiennent en cela sont infinis, & pour la plus par incognus. C'est pourquoy ie toucheray seulement ceux qui sont les plus apparens.

Ie mettray en premier lieu la poudre, dont

ces gens là se seruent. Ceste poudre est tantost noire, tantost blanche, & tantost d'vne autre couleur. Iaques Bocquet, & Frãçoise Secretain pour faire mourir Loys Monneret luy firent manger vne crouste de pain soupoudrée d'vne poudre blanche, qu'ils auoient eu precedemment de leur maistre. Thieuenne Paget desirant de se vẽger de Claude Roy, mesla de la poudre dans vn froumage, duquel elle luy fist manger, il mourut incontinent apres.

La couleur de la poudre des sorciers.

Sorciers qui ont fait mourir des personnes par leurs poudres.

Il y en a d'autres, qui enterrent la poudre soubs le sueil d'vne porte : ou bien en quelque autre endroit, & comme l'on passe sur ce lieu là, l'on vient à prendre mal, selon qu'il est aduenu parce qu'ẽ fit Gros Iacques Bocquet à vn hoste de Mi-Ioux, duquel nous parlerons cy apres.

Poudre des sorciers mise sous le sueil d'vne porte.

Les vns ont pensé, que la poudre, qui est ainsi baillée par les sorciers, n'est que poison, les autres n'ont pas esté de ceste opinion. Mais quant à moy i'estime, que l'vn & l'autre peut estre. Car comme le diable à la cognoissance de toutes les herbes, & de leur vertu, il luy est facile de composer vn venin, dont il fera part aux siẽs pour procurer par ce moyen la mort d'vne personne, ou la maladie d'vne beste. Comme il est vray semblable, que le pain, que mangea Louys Monneret, estoit empoisonné. Mais ie tiens aussi que la poudre, qui se trouua dans le froumage dont mangea Claude Roy, n'estoit pas poison, d'autant qu'ils furẽt plusieurs, qui mãgerent du mesme froumage, & neantmoins il n'y en eust point de malade, que luy. Aussi sur quelques interrogats, que l'õ forma à ce propos à Thieuen-

Si la poudre des sorciers est poison.

ne Paget, elle respondit, qu'elle estoit bien asseurée, que ce froumage ne nuiroit à autre, qu'à Claude Roy, parce que son intention estoit de faire mourir celuy là seul. C'est donc Satan, qui baille en ce cas secrettement la mort, ou la maladie, ce qu'il faict en meslant inuisiblement quelque ius venimeux parmy le mãger de ceux à qui le sorcier veut faire mal.

Exemple. Les deux exemples, que i'allegueray rendrõt la chose plus euidente. Iacques Bocquet ayant esté batu par l'hoste de Mi-Ioux, proposa de se vẽger du tort, qu'il reputoit luy auoir esté faict. Il met de la poudre soubs le sueil de la porte d'vne buge où l'hoste tenoit sept veaux, cinq desquels luy appartenoient, & les deux autres à vn sien voisin, les sept veaux retournans des champs passent par dessus le sueil. Cinq d'iceux, sçauoir les veaux de l'hoste moururẽt aussi tost, les deux autres demeurerent sains & entiers.

Antoine Tornier iecta à certain iour sur le grãd matin d'vne poudre dans la fontaine d'Orcieres, estant en volonté de faire mourir par ce moyen le bestail de gros Claude fontaine, & defendit à Antoine Dauid son fils d'aller abbreuer son bestail, auant que celuy de gros Claude eust beu à la fontaine : le fils n'estant pas souuenãt de ce que sa mere luy auoit dict, ou plustost ne pẽsant pas au sort, qu'elle auoit iecté, abbreuue le premier son bestail : il deuint dans peu de iours aueugle, & est mort en tel estat, sans que le bestail de gros Claude se soit iamais trouué mal, non plus que celuy des autres qui abbreuuerẽt en la fõtaine apres Antoine Dauid. Or si la poudre qu'Antoine Tornier ietta dans la fontaine d'Orcieres, eust esté poison, il ny a doute, que le bestail qu'on y abbreua ne mourust incontinẽt. Comme de mesme il est asseuré que les sept veaux que l'hoste du Mi-ioux tenoit en sa buge ne fussent tous morts, si la poudre que Gros Iacques enterra soubs le sueil de la porte eust esté venimeuse.

Mais pensons d'ailleurs qu'il estoit impossible que ceste derniere poudre estant enterrée en la sorte que nous auons dict, eust la force de penetrer la terre, & passer iusques au bestail pour l'endommager.

Des onguents, & oignements des Sorciers.

Chap. XXIIII.

SEcondement les Sorciers ont des onguents, & oignements qu'ils composent, si desia precedemmẽt ils ne les ont eu de Satan. Il y en a de plusieurs sortes. Vn Italien en sa magie naturelle descrit la composition de quelques vns. Ces gens là se frottent de ces vnguents quand ils vont au Sabbat, ou biẽ quand ils se mettẽt en loup: Mais ie ne voy point qu'ils puissent seruir en ce cas à autre effect, que pour assoupir, & endormir les sens des sorciers, afin que Satã iouïsse mieux à son aise d'eux.

Prot. li. 2. c. 26.

Les sorciers se frottent de leurs oignements quand il se mettent en loup, ou bien quand ils vont au Sabbat.

Dan. au 4. poinct.

Ils s'en aident d'autre costé pour faire mourir les personnes, & le bestail. Christofle du village d'Aranthon a confessé, que gros Iacques & Françoise Secretain, luy firent frotter vne vache sur

Ils s'en aydent encores pour faire

le dernier de certain oignement, & que la vache mourut le lendemain. Aussi lisons nous, qu'en l'an 1536. il se trouua a Casal, Ville du Marquisat de Saluces, quarante tant hommes que femmes, qui frotterent d'vn onguent les ticlets des portes, au moyen dequoy plusieurs personnes moururent. Le bruit a couru icy que le mesme s'est faict dés vn an en çà à Geneue. Ce que ne leur est pas nouueau, par ce que le semblable leur aduint en l'année sus rapportée: Car l'oignemét, dont les tiroüers des portes fúrent frottez, causa vne peste en la ville si grande que la plus part des habitãs en mourut. N'allõs pas si loing: prenons ce qui c'est faict dedans ceste ville de S. Claude. En l'an 1564. Il y eut vn homme d'Orgelet, que ie ne nommeray pas, lequel mit la peste en vingt-cinq maisons, en frottant subtilement d'vne gresse qu'il portoit dedãs vne boëtte, quelques cueillers, qui appartenoyent aux Maistres des maisons: mais il auoit vne autre boëtte, dans laquelle il portoit l'antidote, dont il vsoit tous les matins pour se preseruer, & garentir du mal, qu'il tramoit aux autres. Il fut en fin executé à Annecy, où il cõfessa entre autres choses ce que ie viens de dire, & se repétoit sur tout de ce qu'il auoit faict mourir la maistresse de son logis. Ie sçay l'histoire d'vn personnage qui estoit pour lors Scindic & escheuin à S. Claude, & qui a veu son procez. Or il n'y a doute que tels vnguents ne fussent vrays poisons.

Vier. lib. 2. c. 5. Bod. l. 4. c. 4.

Gresse causant la peste.

Engresseurs.

Vn engresseur met la peste à sainct Claude.

Et à propos de ce que nous auons dict, que les sorciers causét quelquefois la peste par le moyé de leurs oignements, i'adiousteray qu'ils empoison-

Les sorciers empoisonnẽt & infectent l'air & les eaux.

poiſonnent, & infectent le plus ſouuent l'air, & les eaux. Nous auōs veu cōme Antoine Tornier voulut empoiſonner la fōtaine d'Orcieres pour faire mourir Gros Claude Fontaine, & ſon beſtail. Il y a beaucoup d'autres exemples ſemblables : & meſme la grand peſte deſcrite par Thucydide, qui affligea ſi miſerablement la Grece, proceda de ce que les Peloponneſiens empoiſonnerent pluſieurs puits en la contrée de Pirée ſelon que le teſmoigne Aratée.

Exemple pour les eaux Riola ad fera lib. 2. 6. 12.

Quād à l'air, Nicephore Calixte raconte que les Mages des Perſes, pour rendre odieuſe noſtre religion, firent ſortir vne fort mauuaiſe & puāte odeur du lieu, ou les Chreſtiens eſtoient. Et S. Auguſtin dit, *qu'ils ont le pouuoir d'enuoyer des maladies, & de corrompre & infecter l'air.* L'vn & l'autre eſt facile à faire : Car y a-il rien de plus aiſé, que d'empoiſonner l'eau ? Et ſi l'air ſe corrompt quelquefois par l'odeur d'vn fumier, ſi auāt que de là s'engēdre vne peſte en tout vn pays, pourquoy ne croirons nous pas que les ſorciers le puiſſent infecter par les odeurs graues, & puantes, qu'ils feront ſortir d'vn venin, qu'ils compoſeront à l'aide de leur maiſtre ?

Exemple pour l'air. Lib. 4. c. 18.

In lib. de diuinat.

Ie veux icy mettre par eſcrit, ſur le ſubiect que nous traictons l'hiſtoire eſtrange d'vn de la religion pretenduë reformée, qui a eſté executé à Nyon, il n'y a pas quinze mois. Celuy-cy retournāt de Berne ſe deſeſperoit pource que ſon frere qu'il auoit vnique, luy auoit faict perdre par proces la plus grand part de ſes biens. Le diable s'apparoit à luy ſous la figure d'vn grād homme noir, & luy dit que ſ'il ſe vouloit bailler à luy, il

Hiſtoire eſtrange.

luy feroit non seulement r'auoir ses biens, mais feroit encor que tous ceux de son frere luy tõberoient en main, & luy declare les moyẽs qu'il luy conuiendroit tenir pour y paruenir. Voila vne boëtte, dit-il, dans laquelle il y a de la gresse, prens là, & t'en va à ton frere le prier qu'il traicte auec toy pour vne somme d'argent, inuite le au disné. Mesle de ceste gresse parmy son potage, tu le verras mourir dans peu de iours, & cõme il a deux fils, tu leur seras decerné pour tuteur, tu ennoyeras le plus aisné aux escoles, & retiendras le plus ieune en ta maison, auquel tu feras semblablement manger de ceste gresse, & il mourra comme son Pere. Là dessus tu feras retourner le plus aisné, & t'en deferas comme du plus ieune. Et ainsi tu demeureras maistre de to⁹ leurs biens, & du tien encor, par ce qu'ils ne delaisseront point de parens plus proches à leur succeder que toy. Le pauure homme ayant ouy ce discours, & sçachant que celuy qui parloit à luy, estoit le diable, refuse de prẽdre la boette, & de se bailler à luy. Le Diable l'importune & luy dit pour vne derniere fois, tiens voilà la boëtte, quand tu auras faict ce que ia t'ay dict, tu te bailleras à moy, & puis posa ceste boëtte sur vne pierre, & aussi tost disparut. Le pauure homme ayant demeuré bien long temps troublé en son esprit, print en fin la boette. & du depuis executa le conseil de Satan, si bien qu'en moins de deux ans, il fist mourir son frere, & ses deux neueux, ausquels par ce moyen il succeda entierement. Mais il ne iouyt pas long temps du bien par ce que Satã luy ioüa vn traict de son mestier. D'au-

Ruse de Satan.

Boëtte pleine de gresse seruant a faire mourir les personnes.

Vn frere fait mourir par poison son frere & ses neueux.

tant que tost apres il commença de le soliciter pour se bailler à luy, & comme il n'en vouloit rien faire, il le tourmenta, & battit tant, que les plaintes en vindrent aux voisins, & à la iustice. Surquoy il fust saisi, & sur sa confession executé. Ceste histoire nous apprent entre autres choses comme le Diable fournit des gresses, & oignemens aux siens pour faire mourir les personnes. Ce qui seruira de preuue pour ce que nous auōs touché sur le commencement de ce chapitre.

Si les sorciers tuent de leur souffle, & halaine.

Chap. XXV.

TRoisiémement les sorciers tuēt & endommagent de leur souffle & halaine. Nous en auons veu vn exemple en Claude Gaillard, dicte la Flibolette: car ayant soufflé contre Clauda Perrier, qu'elle rencontra en l'Eglise d'Ebouchoux, tout aussi tost Clauda Perrier tomba malade, & fut renduë impotente, & en fin mourut, apres auoir trainé par l'espace d'vn an en toute pauureté & langueur. De mesme aussi comme Marie Perrier eut vne fois refusé l'aumosne à ceste femme, elle luy souffla fort rudement contre, de façon que Marie tomba par terre, & s'estant releuée auec peine, elle demeura malade par quelques iours, & iusques à tant que Pierre Pierrier son neueu eut menacé la sorciere. Sprāger raporte semblablement qu'vne Sorciere au Diocese de Constance rendit en soufflant vn homme ladre par tout le corps, qui en mourut tost apres. Il met encore beaucoup d'autres

L'affirmatiue.

Exemples.

P. 1. q. 1. c. 11.

exemples à ce propos.

Dan. au 4. poinct. Or il y en a, qui ont pensé, que les sorciers, lors qu'ils offencẽt en ceste façon, ont en la bouche quelque meschante drogue, ou racine, par la force, & puanteur de laquelle ils baillent le mal. Ce qui se peut faire à mon aduis, sans qu'il se faille arrester à ce que dict Bodin, sçauoir que les sorciers en ce cas mourroyent les premiers, d'autant qu'ils ont de l'antidote, & contrepoison pour se preseruer à l'encontre de leurs drogues venimeuses, comme nous lisons que Mitridates ne peust iamais estre empoisonné à raison des preseruatifs, qu'il auoit prins precedemment. Aussi est-il bien necessaire que ceux, qui composent les poisons, ayent des receptes pour s'en garentir. Et à ce propos Nicolas Nicole escrit qu'il a veu vn Duc, leqnel auoit à commandement vn poison si subtil, qu'estant ietté sur les charbons ardans, il faisoit mourir par la fumee qui en sortoit, tous ceux qui estoyent en la salle, sauf le Duc, qui se conseruoit par le moyen de certain antidote qu'il prenoit auparauant. Nous auõs aussi parlé au chapitre precedẽt d'vn homme d'Orgelet, lequel portoit deux boettes, l'vne pleine d'vn onguent, duquel il semoit la peste, l'autre pleine de contrepoison, dont il vsoit tous les matins pour se preseruer du mal.

Gell. lib. 17. c. 16.

Mitridates ne peut mourir par poison.

Poison mirablement subtile.

Voy les cha. precedents. Toutesfois ie tiens que le plus souuent les sorciers n'õt ny drogues, ny herbes en leur bouche, mais que Satan luy seul tue, ou baille le mal secrettement en la sorte, & maniere que nous auons touché ailleurs.

Si les sorciers endommagent par parolles.

CHAP. XXVI.

QVatriesmemẽt les sorciers endommagent & nuisent par paroles: Nider racôte, qu'il a veu vne sorciere, laquelle d'vn seul mot faisoit soudain mourir les personnes. Il dict encores, qu'il en a veu vne autre, laquelle semblablemẽt d'vn seul mot fit tourner s'en dessus dessous le menton à sa voisine. *L'affirmatiue.*

Françoise Secretain voulãt faire mourir quelques bestes, elle les frappoit d'vne baguette en disant ces mots. *Je te touche pour te faire mourir.* I'ay veu beaucoup d'autres sorciers qui en faisoyent tout autant. Mesmes que si les sorciers vous loüent, ils vous nuiront. Ce qui n'est pas nouueau, par ce qu'il y auoit iadis des familles en Afrique & en Italie, qui faisoyent mourir les personnes en les loüant. Nous trouuons d'auantage dans Homere, que Circé changea par parolles les compaignons d'Vlysses en pourceaux: *Exemples. Parolles dõt les sorciers vsent voulãs faire mourir le bestail. Les sorciers nuisent en louant. Hõmes chãgez en pourceaux par Circé.*

La sorciere Circé, par ses vers execrables.
Changea les compaignons d'Vlysse miserables.

Et Aristophanes escrit, que les sorcieres de Thessalie faisoyent merueilles par paroles: *Sorciers de Thessalie.*

Par leurs vers enchantez, les sorciers infames
Promettent, s'il leur plaist, de deliurer les ames
Du soucy, qui les point, et combler de fureur
Les esprits, qui n'ont rien, que l'amour dans le cœur.
Comme aussi d'arrester le cours d'vne riuiere,
Et faire retourner les astres en arriere.
Le bled que l'on deuroit bien meur reduire en gerbe,
Par les vers enchantez se conuertit en herbe:
Le gland quitte le chesne, & le pommier la pomme,

Ouid. lib. 3. amor. eleg. 6. Le bled charmé. Ouid ibid. Gland charmé. Pomme charmée.

La vigne le raisin aux vers charmez de l'homme,
N'est-ce point que les vers, & les herbes me nuisent?
Le serpent venimeux creue au chant du sorcier.
Sans poison le sorcier par ses vers entonnez
Rend les esprits plus sains des hommes forcenez.

Raisin charmé. Ouid. ibid. Virgil. Lucan.

Loix humaines pour ceux qui charmẽt par paroles les fruicts de la terre.

Les Romains en ont fait des loix: *Que celuy qui aura enchanté les fruicts de la terre soit puny. Et qu'il ne soit loisible à personne quelconque de trãsporter le bled d'vn champ d'autruy en vn autre par enchantemens.* Nous sçauons les versets, qui empeschent, que l'on ne puisse faire le beurre. Et pour noueurs d'esguillettes:

Verset pour empescher que l'on ne face le beurre.

Noue trois fils diuers de trois neuds Gordiens:
Et puis dicts de Venus ie noue les liens.

Pour les noueurs d'esguillettes. Virgil.

Les sorciers pour aller au Sabbat mettent vn baston entre leurs iambes, & puis vsent de ces paroles: *Baston blanc, baston noir, &c.* Ceux, que i'ay eu en main l'ont ainsi confessé. Les Canons mesmes accordent que les sorciers nuisent de la seulle parolle.

Les paroles dont les sorciers vsent, allãs au sabbat. C. ne mirum § magi. 26. q. 5.

Mais toutesfois qui croira que les parolles seules ayent la force de nuire? Quant à moy i'estime qu'elles ne seruent sinon d'vn signal de la conuention que le sorcier a auec Satan. Car il est asseuré que les mots n'õt autre effect que de denoter la chose, pour laquelle ils ont esté ordonnez, & d'exprimer les passions de l'ame, & affections de l'esprit. Aussi si les parolles auoyent la force de tuer, elles le feroyent estans pronõcées par vn autre, que par le sorcier. Et puis que pourroyent operer tant de noms incogneus dont vsent les sorciers, tels que sont les suyuans. *Gaber si loc fandu*, qu'ils disent lors qu'ils veulent faire,

La negatiue. Note. Mots incogneus des sorciers.

qu'vn poulet, auquel l'on aura percé la teste d'vn cousteau, ne meure point, & ces autres. *Malaton malatas dinor.* desquels ils se seruẽt pour empescher que l'on ne tire droit auec vne arquebuse. Il y en a vne infinité d'autres que ie laisse sciemment. Ie dy de mesme des nombres, & des caracteres qui n'ont esté rapportez que trop curieusement par plusieurs autheurs, & mesme par Paracelse en sa medecine cœleste. C'est donc Satã, qui tue, ou baille le mal secrettement en ce cas.

Nombre & caracteres des sorciers. Voy le c. 35.

Si les sorciers offensent de leur regard.

Chap. XXVI.

Cinquiesmement les sorciers offencent les personnes de leur regard. Spranger remarque que les petits enfans en sont plustost endõmagez que les grands: Il adiouste encores que les sorciers corrompẽt, & amollissent les Iuges par leur seul regard. Le bestail se ressent aussi de ce malheur.

L'affirmatiue.

part. 1. q. 2.

part. 2. q. 1. 6. 12.

Le bestial offensé par le regard des sorciers.

Je ne sçay pas quel œil mes agneaux ensorcelle.

Virg. Eclog. 3.

Comme de mesme font les bledz, & les arbres. Ce qui ne doit pas estre trouué estrange, d'autant qu'il y a eu autrefois des familles en Afriques, qui tuoyent de leur regard: Nous lisons le mesme de quelques nations, qui habitoient le Pont, la Scythie, la transyluanie, & la Sclauonie. Philostrate, encore en la vie d'Apollonius faict mention d'vn Saturnius d'Ephese lequel tuoit de son seul regard tous ceux, sur lesquels il iettoit la veue. Et le prouerbe que l'Italien a retenu iusques à present.

Les bleds, & les arbres.

Vair liu. 2. c. 9.

Familles & nations qui offensent de leur regard.

Vuier. li. 2. c. 49.

Saturnius.

Dj gratia non glidiate mal d'ochio.

Le Basilic tue de son regard. monstre bien que le mesme s'est pratiqué en Italie. L'on voit aussi des animaux qui tuent de leur regard, comme le Basilic : & d'autres, qui *Le loup empesche la voix Virg.* empeschent la voix à l'homme, cõme les loups.

Mœris a esté veu par les loups le premier.

La negatiue. Ce nonobstant ie n'ay iamais creu que les sorciers eussent le pouuoir d'offenser de leur regard: car d'où leur viendroit ceste vertu? Il faut qu'elle soit née auec eux, ou bien qu'elle soit artificielle.

L'homme politique. Or quád au premier point, cela ne peut estre, pour ce qu'il est impossible que Dieu qui a crée l'hõme pour estre politique, luy ait voulu bailler vne force venimeuse pour faire mourir ceux auec lesquels il conuerseroit: ie ne veux pas dire que ce seroit vne impieté detestable de le penser ainsi, attendu que la Loy de Dieu punit si rigoureusement le meurtrier.

Mais il conuient encores considerer que si les sorciers estoient nez naturellement pour tuer tous ceux qu'ils regardoient, mourroient indifferemment.

Que si la vertu est artificielle, ie voudrois, que l'on me monstrast en quelle sorte elle se retrouue aux sorciers: si c'est par le moyen de quelque venin qu'ils hument, ou autrement. Mais cõme ne se trouuent-ils mal du venin, qu'ils hument? Ou d'où viét, que la force du venin ne va qu'aux yeux, & qu'elle offence seulement les ennemis des sorciers, & non pas toutes personnes indistinctement? Il n'y a rien de plus certain, que Satan seul tue, & blesse en ce cas.

Que s'il y a eu des familles en Afrique, en Italie, en Scythie, & ailleurs, qui faisoient estat de tuer de leur regard, qui doute que ces gens là ne fussent sorciers? & qu'il ne leur en print tout autant, qu'à ceux dont nous venons de parler? Le berger, qui ensorceloit de son regard les agneaux de Virgile en estoit de mesme: comme sont semblablemét ceux, qui nuisent aux bleds, & aux arbres.

Et quand à ce qui est du Iuge, ie pense bien que le sorcier en le regardant luy pourra amollir le cœur par la pitié, & compassion, qu'il luy fera auoir de son mal-heur. Pource que comme les yeux sont les messagers de l'ame, ils luy represẽteront les tourmens, & perplexitez, q̃ le sorcier endure au dedans. Mais ie ne me puis persuader que le iuge par ce moyẽ puisse estre corrompu, veu que les yeux n'ont rien de propre à c'est effect. Ce que ie tiens de tant plus asseurément, qu'il a esté experimenté, que le sorcier ne peut nuire en aucune façon aux officiers de iustice, laquelle aussi estant immediatement de Dieu ne peut estre esbranlée par moyen quelconque.

Les yeux messagers de l'ame.

Les sorciers ne peuuent corrompre le Iuge par leur regard.

Voile c. 37.

Et pour respõdre à ce qui est du Basilic ie diray que les vns mettẽt en rang des fables ce que l'on en dict & quand bien la chose seroit veritable, il ne nous seroit pas loisible pour autant d'en tirer vne consequence, cõtre l'homme. Le basilic est né auec vn venin tel, qu'il tuë de son regard, tout ainsi que nous voyons le serpent tuer de sa dent, & le scorpiõ de sa queuë. Ce sont animaux que Dieu a mis au mõde pour chastier les hommes, selon qu'il se sçait vẽger par vne infinité de moyens; mais l'homme ne naist pas de la mesme

Resp. pour le Basilic.

Vair. l. 2. c. 9

Dieu se sçait vanger par vne infinité de moyens.

Resp. pour le Loup. façon. Et en ce qui cócerne le loup, il y en a qui nient aussi tout à plat, ce que l'on dict de luy. Et à toute auanture, il en faudroit faire mesme iugement que le Basilic, du Scorpion, & du Serpent. *Scal. Riola. ad Fernel. l. 2. c. 17.* Encores que ie croiray tousiours plustost, *Pourquoy l'homme, voyant vn loup deuient enroué.* que la crainte que reçoit vne personne voyant vn loup à l'improuist, luy gelle les membres, & les conduits, au moyen dequoy la voix luy deuient raucque

Comme les sorciers nuisent auec la main.

CHAP. XXVIII.

Le iuge ne se doit pas laisser toucher par le sorcier SIxiesmement les sorciers nuissent, & offensent par vn attouchement de main. Les Inquisiteurs pour cela ne veullent pas, que le Iuge se laisse toucher à main, & bras nudz par le sorcier, d'autant que par ce moyen il se rend entierement du party de celuy, qui est deferé, selon qu'ils disent. I'ay veu vne sorciere qui bailla mal à vn homme en le tirant trois fois par son habit. La mesme passant par vn troupeau de bestail, frappa de la main vn veau au flanc, le veau mourut quelques iours apres, & comme l'on vient à l'escorcher, l'on eust beaucoup de peine de se- *Note.* parer le cuir d'auec la chair au lieu, où il auoit esté touché: l'on trouua encores vne main escrite, & imprimée au mesme endroit.

Or qui doute que Satan n'eust faict ce coup là? I'ay monstré ailleurs que les sorciers ne peuuent nuire aux officiers de Iustice. Ie croy neantmoins, que quelquefois ils frottent leurs mains *Voile c. 27.* de poison, & comme ils viennent à toucher vne personne, où vne beste, le poison, qui est subtil penetre le cuir, & cause par mesme moyen la maladie de la personne, ou de la beste: car les medecins escriuent, que les venins & poisons peuuent estre non seulement prins par la bouche, & attirez par le flair, mais encores appliquez exterieurement.

Vuier. liu. 3. 27.

Comme les sorciers nuisent auec vne baguette.

CHAP. XXIX.

LES sorciers en septiesme lieu endommagēt en frappāt auec vne baguette, Françoise Secretain & Thieuenne Paget ont confessé, qu'elles auoyēt faict mourir plusieurs bestes, tant vaches, que iuments, & que pour les faire mourir, elles les frappoyēt d'vne baguette en disant certaines parolles. Et Cardan rapporte qu'il a veu à Pauie vne sorciere, laquelle fit mourir vn enfāt pour l'auoir touché doucement sur le dos d'vne verge. Mais il me semble que cet attouchement n'est pas d'autre effect, que celuy que les sorciers font auec la main.

Des images des sorciers. CHAP. XXX.

D'AVANTAGE les sorciers s'aydent de certaines images de cire, lesquelles ils rotissent, & poignent, faisants languir leurs ennemis tout autāt qu'ils font durer leurs images. Ce qui rapporte à ce que l'on a escrit de Meleager qui fut bruslé à mesure, que la sorciere Althea faisoit brusler la souche fatale: Medée vsoit de ceste

l. Multi. de mal. c. & ibi Binsfeld. malef. par. 1. q. 2. Grill. de Sortil. q. 5. num. 9.

practique au tesmoignage d'Ouide:

Meleager. Alibra. Medee.

Maugreant les absens, elle faict des pourtraits
De cire qu'elle naure au trauers de cent traits.

& ailleurs:

Charmeresse elle faict des images de cire,
Qu'a million de traits au cœur elle martyre.

lib. 3. Amor. eleg. 6.

Duffus Roy d'Escosse fut affligé par ceste voye bien long temps, & iusques à ce que les sorciers qui rotissoyent son image furent descouuerts. L'on tient que Charles IX. Roy de France sous lequel se passa la iournée de S. Barthelemy mourut par le moyen d'vne pareille image. L'on raconte plusieurs exemples semblables. Mesmement qu'vn sorcier nuira à vn autre sorcier par le moyen de certaine image qu'il faict former dãs du plomb fondu. Ce qui est ordinaire en Allemagne, comme i'ay touché ailleurs. L'on faict aussi d'autres Images pour pẽdre les sorciers par les cheueux, & toutes ces Images sont le plus souuẽt baptizées. Mais qui ne iugera que Satan seul opere en ce cas? Car il n'est pas possible, que le sorcier par le ministere de ses Images tue vn homme, qui sera à deux cens lieuës loing de luy.

Boet. l. 11. Au c. 6. Vuier. lib. 4. c. 9. Voy Bod l. 2. c. 8. Bod. liu. 4. c. 5.

Comme les matrones tuent les enfans qu'elles reçoiuent, si elles sont sorcieres.

Chap. XXXI.

Sprang. par. 2. 1. c. 13.

En neufiesme lieu les matrones, & sages femmes, qui sõt sorcieres ont de coustume d'offrir à Satan les petits enfans, qu'elles reçoiuent, & puis les faire mourir auant qu'ils soyent baptizés par le moyen d'vne grosse espingle qu'elles leur enfoncent dans le cerueau.

Il s'en est trouué, qui ont confessé auoir tué

plus de quarante enfans en ceste sorte.

Mais elles font encores pis, car elles en tuent dans le vẽtre de leurs meres. Ce qui est aussi ordinaire à tous les sorciers: si auant que les peres, & meres n'espargnẽt pas mesme les leurs: & vn Baron de Rays la voulut tenter autrefois.

Les peres & meres sorciers n'espargnent pas leurs enfans.

Bod. li. 2. c. 5.

Ie ne doute point que cela ne se face à la suggestion du Diable, pource qu'il demande le plus souuẽt aux peres, & meres sorciers leurs enfans, comme il fist a gros Iaques, auquel il demanda vne sienne fille. Et Pierre Vuillermos a rapporté qu'estant seulement en l'aage de dix ans, Guillaume Vuillermos son pere le mena au Sabbat. Claude & Claude Charlos, & Perrenette du Molard ont semblablement rapporté, qu'estans en fort bas aage, ils furent conduicts au Sabbat par Clauda Gindre leur ayeule maternelle. Il est vray semblable que ces enfans auoient esté promis à Satan par Guillaume Vuillermos, & Clauda Gyndre. Neantmoins ils n'ont point esté conuaincus d'aucun acte de sorcelerie.

Vbi le c. 47.

Finablement les sorciers se mettent en loup, & sous ceste forme tuent, & mãgent tantost des personnes, & tantost du bestail. I'en parleray ailleurs mieux à propos.

Sorciers se mettent en Loup.

De quelles maladies les sorciers affligent particulierement les personnes.

Chap. XXXII.

Voyons maintenant de quelles maladies les sorciers affligent particulierement les personnes. En vn mot ils les affligent de toutes sortes de maladies, comme d'estomach, de teste, de

Les sorciers affligent les personnes de toutes sortes de maladies.

pieds, de cholique, de paralysie, d'Apoplexie, de Lepre, d'Epilepsie, d'enflure, &c.

Dan. au 3. poinct. *Iob lepreux.* *Iob. 2. Spran. par. 2. q. 1. c. 11.*

Nous auons vn exemple memorable en Iob pour le regard de la lepre. Or il est facile à Satan de causer toutes ces maladies par le moyen de quelques poisons, & venins, & en engendrant dãs les corps des personnes vn amas d'humeurs corrompus.

Les sorciers font d'abondant tarir le laict aux nourrices en leur faisant aualler certaine poudre qu'ils meslent parmy leurs potages.

Les sorciers font tarir le laict aux nourrices. *Dan. au lieu preal. Bod. li. 4. c. 5.* *Ils ostent les parties viriles à l'hõme.* *Vuier. li. 3. c. 18. Spr. par. 2. q. 1. c. 7.* *Ils empeschẽt la copulation de la procreation.* *c. Si per sortiarias 33. q.*

Ils ostent encores les parties viriles à l'homme, non pas qu'ils les luy arrachent, mais ils les font cacher & retirer au ventre, & puis les font ressortir quand il leur plaist. Ce qui est ordinaire en Allemagne.

Ils empeschent aussi la copulation charnelle de l'homme, & de la femme, & consequemmẽt la procreation, en retirant les nerfs, & ostant la roideur du membre, & en destournant, en bouchant les conduits de la semence, pour empescher qu'elle ne descende aux vases de la generation. Laquelle sorcelerie n'est pas nouuelle, par ce que S. Augustin, & les Canons en parlent, & auant eux Virgile.

Noue trois fils diuers, de trois neuds Gordiens,
Et puis dis, de Venus ie noue les liens.

Et Ouide.

Eclog. 8.

N'est-ce point que mon corps languisse de poison?

Et ailleurs.

li. 3. Amor. eleg. 6. Ibid.

Il se peut faire encor' qu'vn sorcier malheureux,
M'ayt engourdi les nerfs par ses arts venimeux.

La practique en est auiourd'huy plus commune que iamais: Car les enfans mesme se meslent de nouer l'esguillette. Chose qui merite vn chastiment exéplaire : encores que ce nouemét d'esguillette ne serue de rien à le bien prendre.

Ils faut ietter des aiguilles, cheueux, ferremés, & autres matieres aux ensorcelez.

Les sorciers en outre feront iecter à celuy qu'ils aurōt ensorcelé soit par la bouche, ou par le bas des aiguilles, des cheueux, des ferremens, des pierres, des papiers. Nous en auōs plusieurs exemples. Ie me contenteray d'vn seul, que ie tiens d'vn gētil-homme de ceste terre digne de foy. Vn sien fils aagé de quinze à seize ans iecta il y a quelque temps par la verge cinq ou six billets de papier auec quelques grains de pois, les billets estoiét remplis de caracteres incogneuz, & les pois enueloppez de cheueux. Le fils contoit au pere, que son pedagogue, se souloit coucher tout de son long sur luy, mettāt sa bouche sur la sienne, qu'il luy faisoit ouurir, & puis luy marmottoit au dedans ie ne sçay quelles parolles. Ce qui a faict croire, que le disciple auoit esté ensorcelé par son maistre.

Si ces matieres sont choses feintes ou non.

Ce pendant les plus curieux espl ucheront, si les cheueux, ferremens, pierres, pois, & papiers, que lon voit iecter aux ensorcelez sont choses feintes, ou non. Car les vns ont tenu que c'estoient especes non naturelles, qui apparoissoiét sous telles formes, les autres ont dict que Satan apporte ces matieres d'ailleurs. Cardan escrit, que tout cela n'est qu'illusion, & tromperie.

Vier liu 3.c. 5. Gri. de Sortileg. q. 3 nu. 28. l. 15. de varie. c. 80.

Poix & billets iettez par vn ensorcelé durent.

Ie diray seulement, que les pois, & billets dōt nous auons parlé sont encores en estre, bien qu'il y ait huict ans, que la chose soit aduenue: ce qui sert pour refuter le dire de Paul Grilland, qui tient, que les matieres qui sortent des corps des ensorcelés se fondēt, & resoluent en peu de temps.

Signal de la personne ensorcelee. Voi Bod. l. 2. c. 8.

Ie veux adiouster, que c'est vn grand signal que la personne est ensorcelée, quand elle iecte ainsi des ferrements, des pierres, des cheueux, & autres matieres semblables.

Autre signal.

L'on iuge le mesme si la personne meurt en langueur. Car l'on voit, que ceux, qui sont ensorcelez seichent, & viennent comme à fondre petit à petit, demeurās bien long temps en tel estat auant que de mourir: Selon qu'il est aduenu à Clauda Perrier, & Matthieu Andreyr, comme nous auons remarqué ailleurs.

Les sorcieres entrent de nuict aux maisons.

Ie ne veux pas nier pour autāt que les sorciers ne facent mourir subitemēt les personnes quelquefois, mais ie parle de l'ordinaire.

Gril. de Sor. q. 3. n. 29. & q. 8. n. 1. Remig. lib. 2. c. 4. Binsf. ad. l. 4. q. 8. de malef.

Au reste les sorciers sont de tant plus à craindre, qu'ils vont prendre les personnes en leurs maisons, & dās leurs licts souz la cōduite de leur maistre, qui leur ouure, & ferme la porte si dextrement que l'on ne s'en dōne point garde, mesmement qu'il les rēd inuisibles s'il est de besoin.

Comme le bestail est endommagé par les sorciers.

CHAP. XXXIII.

Les sorciers ont plusieurs moyens pour endommager le bestail.

CE que nous auons dict és chapitres precedens concerne principalement les personnes: mais il nous faut toucher quelque chose en particulier du bestail, & des bledz, & fruicts de la terre. Commençons au bestail. Les sorciers ont plusieurs, & diuers moyens pour l'endōmager

ger, & ces moyens sont en partie les mesmes, dont nous auons parlé cy dessus. Car auec vne poudre, vne gresse, vn clin d'œil, vne parolle, vn attouchement de main, ou de baguette, ils rendrõt malade le bestail, ou bien le feront mourir.

Ils le priuent à d'autrefois de laict. Ce qu'ils font par le ministere de Satã, en luy faisant manger quelques herbes mauuaises, qui l'alterent, & luy restreignent son laict.

Ou bien Satan à l'instant, que le bestail commence d'auoir du laict, il le luy arrache de la tetine.

Ils font encores aller le laict d'vne vache en la tetine d'vne autre. Et c'est pourquoy Antoine Tornier entre autres menaces qu'elle faisoit à Iacquema Paget, luy disoit, que ses vaches rapporteroiẽt deux fois plus de laict que les siẽnes.

Ils le priuent de laict.

Mais il faut croire seulement que Satan en ce cas, cause la perte du laict en l'vne des vaches en la sorte que nous auons dict, & qu'il faict croistre au double celuy de l'autre par le moyen des bonnes herbes qu'il luy faict manger. Ou bien il reçoit le laict de l'vne, & comme l'on tire l'autre, il se treuue là auec son laict, lequel il verse si subtilement dans le seillot, qu'il semble qu'il prouienne de la tetine de la derniere vache.

Car il en vse souuent ainsi pour le regard du vin au rapport de Spranger, qui dict qu'autrefois les flaccons d'vn Sorcier, qui estoyẽt vuides se sont trouuez pleins de vin en vn moment. Mais qui doute que Satan n'eust prins ce vin en quelque caue pour en remplir les flaccons?

Ils font aller le laict d'vne vache en l'autre.

Or il y a vn signe, entre autres pour recognoistre si le bestail a esté ensorcelé, sçauoir lors que le bestail meurt enragé selon qu'il aduint à vne poule de Rollande du Vernois: car comme ceste femme auoit deux poules, & qu'vn iour elle refusa vn œuf à Groz Iacques Bocquet, Groz Iacques de despit se proposa de faire mourir ces poules, il leur iette des miettes de pain soupoudrées, qu'elles mãgerent. Les deux poules moururent incontinent. Mais l'vne auant que de mourir, se iettoit par terre, sautoit & grimpoit contre les murailles, de façon que l'on iugeoit qu'elle estoit enragée. Le semblable est aduenu à plusieurs iuments, que Antoine Tornier, & Clauda Coirieres auoient ensorcelées.

Signal du bestail ensorcelé.

Iacques Bocquet faict mourir deux poules à Rollande.

L'vne meurt enragée.

Plusieurs iumens enragées.

Comme les sorciers endommagent les fruicts de la terre.

Chap. XXXIIII.

QVant aux fruicts de la terre, les sorciers les endommagent aussi en plusieurs façons. Premierement ils font la gresle, & la tempeste pour les perdre depuis qu'ils sont venus à maturité.

Secondement ils suscitẽt à l'aide de Satan des chenilles, des rats, & autres vermines pour les miner, & ronger: estant ceste vermine procrée par Satan, ou bien il l'apporte d'ailleurs. Car il est certain, que les Demons conduisent, & menent les animaux la part où il leur plaist.

Troisiesmement Satan à la priere des sorciers faict consumer, & perdre les deux principes, par

Les sorciers font la gresle Voi le c. 22.

Ils suscitent des chenilles rats, & autres vermines.

D. Aug. Th. Binsfel. ad l. 4. q. 9. con. 4 de malefi. C.

Ils font cõsumer les deux principes.

le moyen desquels les terres sont rendues fertiles, & entretenues en leur naturel, sçauoir l'humeur & chaleur.

Finalement les sorciers par le ministere de leur maistre despeuplent vn champ de fruicts, & les feront aller en vn autre. Dequoy se vantoyent Hoppo, & Sraldin Allemans, selon que l'escrit Spranger, & C. Furius en fut appellé iadis en iugement au rapport de Pline. Virgile luy mesme l'a veu pratiquer,

Ils depeuplēt vn chāp, & font aller le fruict en vn autre.

Para. 2l. q 1. c. 15.

li. 18. cap. 6.

Eclog. 8.

I'ay veu passer les bleds de l'vn des chaps en l'autre.

Et long temps auant luy la loy des XII. tables punissoit tels sorciers de mort. *Que celuy qui aura enchanté les fruicts de la terre, soit puny.*

Et qu'il ne soit loisible à personne quelcōque de transporter le bled d'vn champ d'autruy en vn autre.

Satan peut faire cela facilemēt. Par ce que l'opinion des Theologiens est, que les demōs peuuent remuer tous corps inferieurs. Tellement qu'il ne luy sera pas difficile de transporter vn champ de sa place en vne autre, nō plus qu'il ne luy est pas malaisé de transporter vne mōtagne ou vn rocher.

Comme cela se faict.

Voy Vayr. li. 3. chap. 1.

Si les sorciers peuuent donner guerison.

CHAP. XXXV.

NOVS auons discouru des maladies, que les sorciers donnent aux personnes, & aux bestail. Disons maintenant s'ils peuuent guerir. Il semble qu'ils le peuuent faire, d'autant que nous en auons beaucoup de

L'affirmatiue.

L'Empereur Adrian guery d'vne hydropisie par sortilege.

Voy le c. 37.

preuues. L'empereur Adrian fut guery par sortilege d'vne hydropisie en laquelle il estoit tõbé, selõ que rapporte Dion en sa vie. Marie Perrier retourna en santé apres que Pierre Perrier son nepueu eut menacé Clauda Gaillard, qui estoit supçonnée de luy auoir baillé le mal. Iacques Bocquet l'vn des grands sorciers de son temps disoit à Françoise Secretain, qu'elle gueriroit Louyse Maillat, au corps de laquelle elle auoit enuoyé cinq demons, si elle luy dõnoit du pain, qu'elle eut eu auparauãt en la maison de Louyse, & qu'elle eut gardé par l'espace de trois iours. I'ay veu vne autre femme, que guerissoit de plusieurs sortes de maladies par oraisons. Mais i'ay remarqué que toutes ses oraisons estoient pleines d'impieté & superstitions.

Les oraisons des sorciers pleines d'impietez & superstitions.

Pour vn cheual picqué.

Voy Vayr. li. 1. c. 14.

Car pour vn cheual picqué elle disoit certains mots en forme de prieres, & plantoit vn cloud dans terre, quelle ne retiroit iamais. Or quelle force pouuoit auoir ce clou ainsi planté? Ie treuue que les Romains, qui ont esté autant superstitieux que peuple du monde, pour chasser la peste fichoiẽt aussi vn clou dans vne pierre, qui estoit au costé droit du temple de Iupiter, cõme si ce clou eut eu quelque vertu propre pour cela. Ils en faisoient tout autant cõtre les charmes, & lors qu'il suruenoit quelque discorde entre les citoyens. Il y en a encores lesquels pour se preualoir à l'encontre de leurs ennemis plãtent vn clou dedans vn arbre.

Vier. lib. 4. cap. 9.

Pour destourner l'orage, & la tempeste.

Ceste femme dont nous auons parlé, voulant dire l'oraison qui estoit propre, comme elle pẽsoit, pour destourner la tempeste & l'orage, sortoit premierement de sa maison, puis s'auançoit petit à petit sans se reculer en arriere du moindre pas: car aussi ne le faut-il pas faire selon que elle disoit sur peine de la vie, & par apres donnoit à Satan le plus gros sappin de toute la forest voisine, & a vn pauure vne aumosne iuste, c'est à dire autant de pain que le pauure en pouuoit manger à vn repas. Sacrifiant ainsi au diable, ny plus ny moins que les Anciens luy sacrifioyent sous le nom d'Hercules Canopien pour se deffaire des pulces, sous le nom d'Acor Cirenaique pour faire fuir les mouches, sous le nom d'Apollo Parnopeen, pour empescher qu'ils ne fussent rongez des rats. Les Romains de mesme sacrifioient à la fieure, & les Indois au mauuais demon, à fin que l'vn & l'autre ne leur fussent nuisibles.

Sacrifice à Hercules cōtre les pulees, les mousches, les rats.

Sacrifice à la fieure.

Au mauuais Demon.

Quand elle disoit l'oraison pour les ventrées des cheuaux, elle se leuoit, & mettoit à la dextre, mais elle se tournoit principalement du costé de l'Eglise.

Pour les vētrées des cheuaux.

Et venant à guerir quelques vaches auāt que de faire son oraison, elle demandoit du pain, & du sel au maistre du bestail. Elle sçauoit vne infinité d'autres semblables Oraisons.

Vn mien voisin a esté ainsi guery superstitieusemēt par vne vieille que l'on soupçonnoit d'estre sorciere. Il estoit au berceau attainct d'vne maladie fort estrange: Car il auoit le hocquet si vehement que lors qu'il sanglotoit, ce qu'il faisoit presque sans discōtinuation, l'on l'entēdoit de vingt cinq à trente pas, & auoit encores les yeux tellemēt chassieux & couuerts de cire qu'il n'y voyoit goute. L'on recourut aux Medecins: mais l'on ne profita rien pour cela, & à ceste occasion l'on print opinion que le mal prouenoit de sortilege. L'on s'addresse à la vieille dont nous auons parlé, pour ce que precedemment elle auoit vsé de quelques menaces à l'endroict du pere de l'enfant, l'on l'amadoue de parolles en sorte qu'elle promet de guerir l'enfant. Elle se faict enserrer seule auec luy dans vne chambre apres auoir demandé vn carreau, vn salignon de sel, & vne couuerte. L'on espie ce qu'elle feroit par vne fenestre qui regardoit dans la chambre. Elle chauffe le salignon, & le carreau, & par apres oste l'enfant du berceau, met entre ses bras, & puis se couure entierement auec luy de la couuerture, de façon que l'on ne voyoit rien du tout de leurs corps, elle demeure en ceste façon par l'espace d'vne demie heure, & puis se leue, & r'appelle ceux, que elle auoit faict sortir. L'enfant deslors fut guery. Il est vray semblable que ceste vieille estant sous la couuerte vsa encore de quelques parolles & ceremonies, qu'elle ne desiroit pas que l'on vit.

Superstition & ceremonies d'vne sorciere à guerir vn enfant.

Or tant de superstitions me font croire qu'il n'y a rien que du ministere de Satan en la guerison des sorciers. Ce qui se peut aussi verifier, en ce qu'il faut croire fermement que le sorcier vous guarira, autrement vous ne recouurerez iamais vostre santé. Car est-il tousiours de besoin que le malade ait vne opinion ferme au medecin? Combien en voyons nous qui ne s'asseurent point trop du medecin, & ne delais-

Il n'y a rien que du ministere de Satã en la guerisõ des sorciers.

Il faut croire que le sorcier guerira.

sent pas neantmoins de guerir?

Ie ne nie pas que la confidence, que le malade a au medecin, ne luy ayde beaucoup : Car mesme Galien, & Auicéne disoyent que le medecin, qui guerit le plus de malades, est celuy auquel l'on a le plus de creance : mais la creance n'est pas requise necessairemét en medecine, & cependant en faict de sortilege, sans cela tous les breuuages & remedes des sorciers ne vallent rien.

La confidéce que le malade a au medecin sert de beaucoup.

Riol. ad Fer. li. 2. c. 16.

D'auantage les sorciers se seruent principalement de caracteres, & de parolles lors qu'ils guerissent, & toutesfois il n'y a rien de plus asseuré que les parolles, & caracteres n'ont rien de propre à cet effect : Car qui dira que le P. & l'A soyent bons contre le mal des yeux? Qui dira que ces mots *Abracadabra Abracadabra, &c.* chassent la fieure? Qui est celuy qui iugera que ces vers. *Gaspar fert myrrham, &c.* exemptent le patient du mal caducque? Et qui croira que le vers que Cæsar prononçoit, eut la force d'empescher que sa lictiere ne versast, ou bien que Vlysses ayt perdu le flux de sang qu'il auoit, en disant certains mots?

Les sorciers se seruent de caracteres & de parolles.

Pour le mal des yeux.

Pour la fieure.

Pour le mal caducque.

Pour empescher que la lictiere ne verse.

Pour le flux de sang.

C'est en vain que l'on croit que la parolle chasse
De nos corps indispos, le mal qui les pourchasse.

Aussi Pericles eut grace, lors que sortant de maladie, & estant interrogé si sa maladie auoit esté grande : Vous pouuez, dict-il, iuger combien elle a esté grande, puis qu'elle m'a osté la moitié de mon sens : car si i'eusse esté bien aduisé, ie n'eusse iamais permis, que l'on me eust attaché au col ces billets, que vous y voyez

Pericles se mocque des billets & amulets.

pendus : & certes ie trouue que ce Capitaine auoit plus de raison que Galien, & les Platoniciens, qui ont adiousté tant de foy aux amulettes.

Les amulets.

Les nombres des sorciers.

Vide Concil. Trid. sess. 22 c. 9. In Dec. De obser. & en 1. in celeb. miss. sub fin.

Ie mettray en ce rang les nombres que les sorciers obseruent en leur guerison. Car ils feront ieusner le malade par l'espace de quelques iours, ou bien ils luy feront dire certains nombres de patinostres, & s'il faut en vn seul mot, il ne guerira iamais, pour ce que c'est vne maxime en magie, que celuy, qui manque en la moindre chose du monde, ne profite rien du tout.

Maxime de magie.

Les sorciers vsent pour guerir des choses qui sont contre Dieu & nature.

Faustine.

Il y a de plus, que les sorciers pour guerir vsent quelquefois de choses, qui sont contre Dieu & Nature, comme firent les Chaldeans à l'endroit d'vn Gladiateur, lequel ils firent tuer, & puis baillerent à boire de son sang à Faustine femme de l'Empereur Marc-Aurele, pour luy faire perdre l'amour qu'elle portoit à ce Gladiateur.

Riola. ad Fernel lib. 2. c. 13.

Recepte damnable pour l'hydropisie.

Bod. l. 3. c. 2.

Democrite aussi vouloit que pour guerir vne personne de l'hydropisie l'on couppast la gorge à vn homme, & que l'on fist boire au patient de son sang encore tiede : ou bien que l'on luy fist manger des viandes prohibées & defendues : le Diable en vsoit iadis ainsi, lors qu'il se faisoit immoler des personnes sous le pretexte de quelque bien futur, comme il se lit du fils de Creon, d'Iphigenie, de Quinte Curse, & de plusieurs autres. Il s'en trouue encore, qui se seruent de la ceruelle d'vn chat, ou de la teste d'vn corbeau, qui est vne vraye poison.

Contre ceux qui vont prẽdre du pain, & du sel en la maison du sorcier.

Finalement si quelqu'vn se doute d'estre malade de sortilege, il enuoye prendre secrettemẽt du pain, & du sel en la maison de celuy qu'il soupçonne. Or cõme est-il possible que le pain & le sel ainsi pris à l'insceu du sorcier, apporte guerison au malade? Ainsi donc ie conclus, que c'est Satan seul, qui guerit au cas, auquel nous sommes.

Cõme Satan guerit.

Ce qu'il faict en se deportant de mal faire, ou bien en se seruãt des causes secondes, & naturelles: Car cõm'il a la cognoissance de toutes choses, il est cerain, qu'il se peut aider des mesmes moyẽs, dõt vsent les medecins, pour guerir celuy qui sera ensorcelé, principalement si la maladie prouient de poison, ou bien d'vn amas d'humeurs corrompus, comme est la Paralysie, l'apoplexie, l'epilepsie, la cholique, &c. qui se guerissent par les causes secondes.

La guerison des Sorciers n'est que pour vn temps limité, ou bien il faut que le mal soit donné à vn autre.

Cependant il y a tousiours ce mal en la guerison des sorciers, ou pour mieux dire, de Satan, que la guerison n'est que pour vn temps limité: ou bien il faut que le mal soit donné à vn autre, & quelquefois nous voyõs l'vn & l'autre arriuer ensemblement.

De ceux qui charment leurs playes.

Nous auons la preuue du premier poinct en ceux, qui charment leurs playes. Car cela n'est que pour vn temps: i'ay cogneu vn gentil-homme François lequel pour s'estre faict charmer quelques playes, qu'il auoit receues en vn rencontre pensoit estre entierement guery: Mais trois ans apres sur vn petit effort, qu'il fist à picquer son cheual, ses playes se r'ouurirent, & mourut.

Pour le regard du secõd poinct. Il se peut verifier par l'exemple de Mumol grand maistre de France, auquel les Sorciers sauuerent la vie en faisant mourir le petit fils du Roy Childebert: l'on voit encores plusieurs exẽples semblables dans Bodin. Mais l'on a remarqué que Satan en ce cas ne pert iamais au change. Par ce que si le sorcier veut guerir vn vieil homme, il baillera la maladie à vn plus ieune, ou bien si celuy qui est ensorcelé est de bas estat, il iettera le sort sur vn qui sera de plus grand estoffe & qualité que le premier, & voires a l'on veu que le sorcier ayant failly de donner la maladie à vn autre, en a porté luy-mesme la peine.

Mumol grãd maistre de France.

li.3.chap.2.

Toutesfois ie tiens plustost que la cõuention que le sorcier a auec Satan faict tout en cecy, pource que ie sçay asseurément que le sorcier voulant guerir vne personne, iette quelquefois le sort sur vne beste. Cela est aduenu à l'endroit d'vn nommé Matthieu Andrey, du village de Pierrecourt: car comme il ne pouuoit trouuer remede pour se garãtir d'vne maladie qui le cõsumoit, il s'adressa en fin à vn passant, lequel luy demanda s'il vouloit que l'on baillast son mal à vn coq qu'il auoit en sa maison, ce que le patient accorda, surquoy l'estranger fit enterrer le coq au jardin de Matthieu, qui guerit, mais ce ne fut pas pour long temps: car deux ou trois ans apres il retomba, & mourut.

Voy Bod. au lieu preal.

Les sorciers voulans guerir vne personne, iettent le sort sur vne beste.

Ceremonies superstitieuses d'vn sorcier à guerir vn homme.

Cest exemple nous seruira aussi pour la preuue du dernier point que nous auõs touché, c'est à sçauoir que la guerison du sorcier quelquefois n'est que pour vn temps limité, auec ce qu'il faut conioinctement que le sort soit iecté sur vne autre creature.

Ie mettray encore icy vn autre exemple, pour faire voir que les sorciers voulans guerir vne personne, iettent souuent le sort sur vne beste, ie cognoy vn homme, lequel estant en l'aage de dix à douze ans deuint comme transporté. L'on iugea incontinent qu'il auoit esté ensorcelé par vn que l'on soupçonnoit, & qui auoit auparauant menacé le pere de le nuire, & à ce qu'il aymoit le mieux. Il aduint vn iour que comme le fermier du pere passoit auec vne poule, qu'il portoit en main, par deuant la maison du soupçonné, celuy-cy luy demanda où il alloit, le fermier respond qu'il alloit voir le fils de son maistre qui estoit malade. L'autre replique qu'il en estoit bië fasché, toutesfois qu'il y auoit moyen de le guerir, & dict au fermier qu'estant arriué en la maison de son maistre, il deust mettre la poule qu'il portoit à terre, & que si le garçon la tuoit, il gueriroit, mais que l'on se gardast bien de manger de ceste poule. Le fermier estant au logis de son maistre faict ce qui luy auoit esté dict. Il met bas la poule, laquelle se va rendre aussi tost deuant le garçon qui estoit malade. Ce garçon la prent par le col, & la tue, & à l'instant guerit. Or qui ne croira que le sort ait esté iecté sur ceste poule.

Les sorciers voulans guerir vne personne iectent le sort sur vne beste.

Qu'il ne faut iamais recourir à ses supposts pour auoir guerison, ains a Dieu seul.

CHAP. XXXVI.

Il ne faut point recourir aux sorciers en noz maladies.

IL appert de ce que nous auõs dit au chapitre precedent, que les moyens, que tiennent les sorciers en leur guerison ne sont point asseurez, non plus que la guerison mesme quand elle aduiẽt. D'où ie veux inferer, que le meilleur est de ne nous point addresser à eux en noz maladies, encores bien qu'elles nous auroient esté données par sortilege.

Tous les droits diuins & humains contre les sorciers.

Nauarr. in man. c.11.n. 29.

Deuter. 18.

Leuit. 20.

cap. 2. de sor. & c. admoneant. 26. q. 7.

l. cæteræ famil. ercisc. l. Item apud Labeonem si quis astrologus de iniur. d. l. nullus aruspex. l. nemo de malef. c. l. eorum eod.

ad Rom. 3.

Ce qui ne nous est pas aussi licite, veu qu'il nous est deffendu bien expressemẽt par la saincte Escriture de recourir à Satã, ny à ses supposts quelque cõseil, ou secours, qu'ils nous promettent: & le droict Canon nous excommunie en ce cas. Le ciuil y a semblablement pourueu par les peines, qu'il a imposé à ceux, qui auroient recours à telles sortes de gẽs, corrigeant en cela sainctement la constitution de l'Empereur Cõstantin, par laquelle il souffroit ceux qui vsoient de Magie, à quelque bon effect, comme pour guerir les personnes, ou pour destourner la tempeste. Et neãtmoins cest Empereur estoit quelquement excusable, d'autãt que lors de sa constitution, il estoit encores plongé dans le paganisme, & ne sçauoit pas, qu'il ne faut iamais faire mal, àfin qu'il en reüssisse vn bien, suyuant le dire de S. Paul.

Ceux qui se sõt addressez au diable, & à ses supposts ne s'en sont iamais bien trouuez.

Ochozias.

Il s'est veu en outre par experience que ceux, qui se sont addressez au Diable, & à ses supposts, ne s'en sont iamais bien trouuez. Ochozias Roy d'Israel estant malade d'vne cheute, eust son recours à Beelzebut: Elie luy predit sa mort pour cela: Quoy, dict le Prophete, n'y a-il pas vn Dieu en Israel, & cependant tu prens conseil de Beelzebut, tu en mourras, ce qui aduint incontinent apres. Et de fresche memoire l'vn des grands Roys de la Chrestiété entra en furie pour s'estre aidé d'vn Necromantien à ce qu'il peut sçauoir l'yssue de son estat. Sanches d'Auila de mesme ayāt esté blessé d'vn coup de pied de cheual, se fist penser par vn soldat, qui vsoit de certaines benedictiōs, laissant la chirurgie, il mourut pour telle superstition comme dit l'histoire de Portugal. Du temps qu'Adriā sixiesme tenoit le siege, vn Grec nommé Demetrio Spartano appaisa vne fort grande contagion de peste, qui regnoit en la ville de Rome par moyens superstitieux, & illicites: car ayant couppé par la moitié la corne droite à vn Taureau sauuage, que le peuple luy auoit deliuré, & apres auoir proferé certains charmes en son oreille droicte, il le rendit en vn instant si priué que luy ayant iecté vn fil deslié en l'autre corne entiere, il le mena par tout ou il voulut, & iusques au collisée, ou il l'immola, & tout incontinent le mal cōmença de cesser. Mais tost apres l'armée de Bourbon saccagea Rome. Ce qui aduint par vne iuste permission de Dieu, lequel peut estre comme dit Florimond de Remond, se courrouça de ce que le Romain pour se garētir de la maladie contagieuse, qui le pressoit, auoit eu plustost recours à Satan, & à vn siē suppost, que non pas à luy, contre l'intention du Pape, qui ne vouloit aucunement permettre ce iongleur, & sorcier.

Bod. li. 2. c. 3.

Vn grand Roy de la Chrestienté, Sanches d'Auila.

liu. 10.

Demetrio Spartano.

Moyen illicite pour faire cesser la peste.

En son Antechrist. c. 26. nomb. 6.

Mais comment seroit-il possible, que l'ire de Dieu ne s'embrazast cōtre ceux qui ont recours aux sorciers, puis qu'il ne veut pas que l'on les

Dieu irritē cōtre les sorciers.

Exod. 22. laisse viure sur terre? *Tu ne permettras point que les sorciers viuent*, dit-il en l'Exode. C'est donc à bonne occasion que S. Iean Chrysostome dit qu'il vaut mieux mourir, que de s'aider du diable, ou des sorciers pour guerir. *Il est meilleur*, dit-il, *à l'homme Chrestiẽ de mourir, que de r'acheter sa vie par enchantemens & sorcelerie.* De la vient que S. Hilarion ne voulut iamais permettre, que l'on ostast vne lame de cuiure, qu'vn ieune homme auoit mis souz la porte de la maison d'vne fille, qu'il aimoit, à la suggestion de Satan qui estoit entré dans le corps de la fille, & disoit qu'il n'en sortiroit point, que l'on n'eust osté la lame: toutesfois la fille ne delaissa pas d'estre deliurée par les prieres de S. Hilarion. Et à ceste exemple cõme Rollande du Vernois, qui estoit possedée de deux demons, que gros Iacques Bocquet luy auoit enuoyé dans le corps, demanda, que l'on luy fist venir gros Iacques, monstrant par signe que ses demons sortiroient. Ie ne fus point d'aduis que l'on fist venir cest homme, ains sollicitay le Prestre, qui la coniuroit de poursuiue viuement ses exorcismes, ce qu'il fist, en telle façõ que les demons quitterent Rollande: i'estime que ce n'estoit pas elle, qui demandoit gros Iacques, mais le demon qui vouloit que l'on chassat vn malefice par vn autre malefice.

Homil. 8. sup. epist. ad Coloss.

D. Hiero. in vita Hilario.

Rollande du Vernois.

Voy le c. 2.

Satan veut que l'on chasse vn malefice par vn autre malefice.

Il faut donc recourir à Dieu seul en ce cas suiuant le conseil qu'Elie donna au Roy Ochozias soit que nous voulions preuenir le mal, ou soit que nous nous en voulions deliurer. *Celuy qui est assisté du tout puissant*, dit Dauid, *il demeurera à iamais en la protectiõ de Dieu, &c.* Et Satã reprochoit

Psalm. 90.

à Dieu, qu'il tenoit Iob en sa sauuegarde, & que pour autant il ne pouuoit endommager. *Est-ce pour neant*, disoit-il, *que Iob craint le Seigneur? N'e l'auez vous pas muny de vostre sauuegarde, & luy & sa maison & toute sa substance?* Iob. 1.

Il y a certains mots, qui vous peuuent aiser,
Et pour la plus grand part vostre mal appaiser. *Horat.*

Ce sont les prieres, que l'on faict à Dieu, qui nous garantissent du malin esprit, & de ses embusches. Iesus Christ dechassa le diable du corps de la fille de la Cananée aux instantes prieres de la mere. Il deliura encores le Lunatique du demon, qui le tourmentoit, à la priere du pere du demoniaque. Aussi est-ce Dieu seul selon qu'il dict luy mesme en Esaye, qui enuoye la vie, & la mort, la santé & la maladie, & n'y a point de salut sinon à luy.

Les prieres nous garantissent du malin esprit. *Matth.15.* *Luc 19.* *Matth.17.* *Marc. 2.* *Luc. 9.*

S'il est permis d'vser de menaces à l'endroit d'vn sorcier pour guerir, ou pour preuenir le mal.

Chap. XXXVII.

IE sçay qu'il y en a, qui accordent bien qu'il n'est pas loisible de recourir aux sorciers, pour les induire par prieres & paroles amiables à guerir. Par ce que cela monstre vn esprit abiect, & humilié, & a quelque apparence d'adoration: ioinct que sainct Paul nous defend bien expressement la communication du Diable, *ie ne veux point* dit-il, *que vous vous fassiez compagnõs des Diables.* Mais ils disent que l'on le peut faire, si l'on y va auec force & menaces. Mesmement qu'ils asseurent qu'il n'y a point de meilleur moyen, que

L'affirmatiue. 1. Cor. 11.

celuy-là pour contraindre vn sorcier à oster le mal qu'il aura baillé vne fois. Nous en auons eu vn exemple en Clauda Gaillard, laquelle auoit rendu malade Marie Perrier en luy souflãt contre le visage : car tout aussi tost qu'elle eust esté menacée par Pierre Perrier, le mal quitta incontinent Marie : ie ne veux pas dire que la practique en est pour le iourd'huy ordinaire. Et à la verité il semble qu'il y a du fondement en cecy, si l'on considere que celuy qui menace vn sorcier, y va comme en desdain, & presque par cõmandement.

La negatiue. Neantmoins ie me doute, que ce dernier chef ne soit de gueres plus asseuré pour la cõscience que le premier. Par ce que, & en l'vn & en l'autre l'on donne occasion au sorcier de recourir à Satan pour guerir, ce qui est directement contre Dieu, selon que nous auons debatu ailleurs plus amplement. *Au c. preced.*

L'on peut vser de menaces à l'endroit des sorciers pour preuenir le mal. Bien diray-ie que pour preuenir le mal il n'y a point d'offence de se mõstrer farouche, & seuere aux sorciers : pource qu'ils craignent les personnes qui se comportent ainsi en leur endroit, & redoutent mesme ceux qui ont pouuoir sur eux, & qui leur peuuent nuire? Ce que l'Empereur Federic Barberousse fit bien cognoistre au sorcier Arabe, qui luy auoit esté enuoyé par les Milannois pour l'empoisonner. Car cõme il fut surpris, & qu'il menaçoit l'Empereur de le faire mourir par parolles, s'il ne le laissoit courir, l'Empereur le fit luy-mesme punir de mort, selon qu'il meritoit.

Federic barberousse fait mourir vn sorcier.

Mais le plus bel exemple que nous auons en

cecy

cecy. C'est des officiers, & ministres de iustice, par ce que tous sont d'accord, que les sorciers ne peuuent nuire à leurs personnes, quelques meschants qu'ils soyent.

Les sor. ne peuuent nuire aux officiers de Iustice.

I'adiousteray que Satan mesme les redoute, & craint, ce que ie sçay par le rapport de Rollande du Vernois: ceste féme estoit possedée de deux demons, & estoit ce pendant suspecte de sorcelerie, lors que i'approchoy la conciergerie pour l'aller ouyr en responce, elle estoit vexée plus fort que de coustume, & disoit, que ses demons me sentoient bien venir, & que pour cela ils la tourmentoient ainsi.

Bod. l. 3. c. 4. Rem. l. 1. c. 2. Satan redoute les officiers de iustice.

Il est certain qu'il y a encores en cecy vn secret iugement de Dieu, qui ne veut point permettre que les mauuais, tels que sont les sorciers, ayent puissance sur la personne des Iuges, à fin que la iustice, qui est de luy, comme disoit le Roy Ioram, fut executée.

Psal. 95.

Si est ce que i'ay leu dās Spranger qu'vne sorciere estant preste d'estre iettée dans le feu, dit au bourreau qu'elle luy vouloit bailler sa mercede, & luy soufflant contre, elle le rendit ladre par tout le corps, si bien que peu de iours apres il en mourut. Le bourreau peut estre ne faisoit pas bien son deuoir.

Par. 2. q. 1. c. 11.

Bourreau rendu ladre par vne sorciere.

Que le malade ensorcelé peut bien recourir aux Medecins.

CHAP. XXXVIII.

NOus auons dit cy deuant, que celuy qui est malade par sortilege, doit recourir à Dieu seul, non pas à Satan, ny a ses supposts: mais ie ne veux pas inferer de là, que le patient ne puisse s'addresser aux medecins pour chercher sa guerison : d'autant que recourant à la medecine, il vse d'vn moyen, qui nous est cõcedé par le Tout-puissant auec vn tiltre d'honneur pour conseruer & recouurer nostre santé, & voire que la Majesté de Dieu est beaucoup plus illustre de faire telle chose par ses creatures, que s'il la faisoit par soy-mesme.

La medecine auec tiltre d'honneur.

Contre ceux qui tiennent qu'vne maladie baillée par Sortilege ne peut estre guerie par medecine. Voi lé c.32.

Et ne puis m'accorder auec ceux, qui tiennẽt qu'vne maladie qui aura esté baillée par sortilege ne peut estre guerie par Medecins quelconques. Pour ce que nous auons monstré, que les sorciers affligent les personnes de toutes sortes de maladies, comme de cholique, de paralysie, d'apoplexie, d'epilepsie, &c. lesquelles prouiennent de putrefactiõ, ou de quelques autres causes naturelles, & qui se guerissent naturellemẽt, & selon les preceptes de la medecine : & pour tant nous ne pouuons nier, que les Medecins ne les puissent guerir.

A l'aide des medecins les ensorcelés iettent des aiguilles.

L'on a veu chose plus estrange, c'est que quelques vns, qui estoient ensorcelez, ont ietté à l'aide des medecins, des aiguilles, des ferremens, des pierres, des cheueux, & autres matieres semblables.

Ie ne fay point de doute, que certains sorciers n'ayent rapporté, que les Medecins ne peuuent oster les maladies, qu'ils ont dõnées. Mais quoi, leur faut il adiouster foy en cela ? Le diable leur suggere ceste response en la bouche, pour nous faire idolatrer vn sorcier, plustost que de recourir à la medecine.

Que si les maladies, dont nous venons de parler, continuent long temps, & qu'il semble qu'elles soient incurables, cela procede des empeschemens que Satan y met, renouuellant tantost les causes de la maladie, & la rendant tantost incogneuë aux medecins par ses moyẽs subtils & cachez. Venons aux autres poincts, qui concernent Françoise Secretain.

Comme les maladies des ensorcelez cõtinuent.

Les chappelets des sorciers sont ordinairemẽt sans croix, ou du moins la croix manque en quelque chose.

CHAP. XXXIX.

COmme elle fut ouye en responce pour la premiere fois, l'on se donna garde qu'il n'y auoit point de Croix en son chappelet, & qu'elle ne ietta pas vne seule larme, bien qu'elle fist tous ses efforts de pleurer. Or tous les docteurs tirent vne forte presumption contre celuy qui est accusé de sorcellerie, s'il ne iette point de larmes.

Voy le chap. suiuant.

Ie ne veux pas inferer le mesme, si son chappelet se trouue sans croix, mais biẽ diray-ie, que cela doit seruir d'vn indice cõtre luy. Par ce que la Croix est l'vn des premiers fleaux de Satan. Ce que nous tesmoigne bien amplemẽt l'exemple memorable de Iulian l'Apostat, lequel s'estant rencontré en vn temple d'Idoles auec plusieurs diables, & ayant faict le signe de la Croix, tous les diables disparurẽt aussi tost. Il n'y a personne qui ne sçache que ce mal-heureux Empereur hayssoit les Chrestiens à mort, & qu'il ne valloit rien, & cependant il dechassa les diables auec la Croix, tant ce signe est puissant contre

Voy l'art. 40

Les Diables ont la Croix en horreur.

Iulian l'Apostat.

Voy S. Greg. lib. 3. Dial. cap. 7.

l'effort & violence des demõs, qui ne le peurẽt pas dissimuler à l'endroit de Iulian, d'autãt qu'ils luy reprocherent, qu'il estoit vn vaisseau vuide, mais qu'il estoit marqué.

Nous lisons encores de certains, lesquels s'estants trouuez à l'improuiste, ou bien par curiosité en l'assemblée des sorciers, & ayans faict le signe de la croix, tout est venu à disparoir, & diables, & viãdes, & sorciers. Ie remettray de parler de la Croix ailleurs, & diray que l'on a veu quasi tous les chappelets des sorciers, que l'õ a executé en ce lieu, sans croix, ou du moins mãquer en quelque chose en la Croix cõme d'vn croison, ou autre partie semblable. Les chappelets de groz Iacques Bocquet, de Clauda Iamprost, de Clauda Iamguillaume, & de beaucoup d'autres estoient de telle façon.

Voy le c. 54.

Les sorciers ne peuuent ietter des larmes en la presence du Iuge.

CHAP. XL.

RETournons à la presomption que l'on prẽt contre celuy qui est accusé de sorcelerie, s'il ne iette point de larmes. I'ay leu d'vne femme, qui confessa que les sorciers ne pouuoyent ietter que trois larmes de l'œil dextre. Et les Docteurs s'arrestent tellement à ceste presomption qu'ils l'estiment l'vne des plus fortes, que l'on ayt pour le crime de sorcelerie. Ie veux rapporter ce que i'en ay recogneu. To' les sorciers que i'ay examiné en qualité de Iuge, n'ont iamais ietté larmes en ma presence, ou bien s'ils en ont

Bod. lib. 4. cap. 4.

ietté ç'a esté si maigremẽt, que l'on ne s'en est pas donné garde. Ie dis cecy, pour ce que i'en ay veu qui sembloient larmoyer. Mais ie me doute que leurs larmes ne fussent feintes, du moins ie suis asseuré si elles n'estoiẽt feintes, qu'elles estoient arrachées auec force. Ce qui se recognoissoit par l'effort, que les accusez faisoient de pleurer, & par le peu de larmes, qu'ils iettoient.

Mais si ie parlois à eux en particulier, ils ploroient auec autant d'ardeur, & de larmes, qu'il estoit possible.

Les sorciers ayans confessé sont plus allegres.

Le mesme leur aduenoit, quãd ils auoiẽt confessé, & se mõstroient encores pour lors plus allegres & ioyeux qu'au parauãt, comme s'ils eussent esté deschargez d'vn grand fardeau.

Pourquoy les sorciers ne iettent point de larmes.

Voy Sprang. par. 3. q 15.

Les larmes seruent pour nettoyer les pechez.

Au reste, il est vray semblable, que les sorciers ne iettent point de larmes. Par ce que les larmes seruent principalement aux pœnitents pour lauer & nettoyer leurs pechez. Car elles penetrent les Cieux, comme dit S. Bernard, & amolissent le courroux du Dieu tout-puissant, & partant elles ne peuuent estre aggreables à celuy qui est ennemy de nostre salut, & à ceste occasion il les empesche tant qu'il peut.

Les cloches chassent les orages, & la tempeste.

Voy Vayr. lі. 2. chap. 11.

Il en prent tout autant des cloches, lesquelles Satan a extremement en haine, à cause que par leur son le peuple est admõnesté de se mettre en deuoir, & inuocquer Dieu: ioinct qu'elles chassent l'orage & la tempeste.

Toutefois si vous demandez aux sorciers la raison pourquoy ils ne iettent point de larmes, ils vous respondront qu'il leur est impossible de larmoyer, pour ce qu'ils ont le cœur trop estreint

& serré pour se voir diffamez d'vn crime si detestable, comme est celuy de sorcelerie. Ie traicte ailleurs quel fondement le Iuge doit prendre en ce faict.

Voy l'art. 39.

Les sorciers ont tousiours les yeux panchez contre terre en la presence du Iuge.

Chap. XLI.

L'On remarqua encores en Françoise Secretain, lors que l'on l'entendoit en responce, qu'elle auoit tousiours les yeux panchez contre terre, si bien que le Iuge auoit peine de faire qu'elle le regardast au visage. Ce qui est ordinaire aux sorciers, & ie l'ay ainsi recogneu en plusieurs, qui ont esté bruslées. Et de là l'on tire vn indice contre ceux qui sont accusez.

Bod. l. 4. c. 4. Voy l'art. 35.

Pourquoy les sorciers iettent la veuë contre terre.

L'on dict que ces gens là baissent ainsi la veuë contre terre, pour ce qu'ils ont honte de regarder le Iuge en face, à raison de la grauité de leur mesfaict: Mais ie tiens plustost qu'ils se conseillent à Satan sur la responce qu'ils doiuent faire aux interrogats, que le Iuge leur forme: d'autant que par mesme moyen, qu'ils regardent contre terre, ils marmottent ie ne sçay quoy entre leurs dents, & si vous leur demandez qu'ils font, ils vous respondent, qu'ils disent leurs patinostres.

Les sorciers renonçants au Diable crachent par trois fois en terre.

Chap. XLII.

FRançoise Secretain faisoit dauantage, c'est qu'en renonçant quelquefois au diable, elle crachoit par trois fois en terre. Ce qui est aussi aduenu a gros Iacques Bocquet, Antoine Tornier, Iacquema Paget, Claudа Iamguillaume, Pierre Gandillon, & plusieurs autres. I'ay creu autrefois que cela estoit vn signal de la conuention du sorcier auec Satan, & que ce crachemét signifioit que le sorcier ne renõçoit pas au diable de bõ cœur. Mais du depuis i'ay trouué que les anciés auoient accoustumé de cracher trois fois en leur giron contre les charmes, & fascinations, d'ou vient que Theocrite dict; *Voi Vair. l. 4. c. 18.*

Il crachera trois fois en mon gyron.

& Ouide:

Chacun de vous crache dans son gyron.

Laquelle superstition i'estime estre venuë de main en main iusques a nous, & que ces gés qui crachent ainsi par trois fois en renonçant à Satan la retiennent encores. Aussi quãd vous leur en demandez la raison, ils respõdent que ils ont tousiours ouy dire, que si l'on crache par trois fois en terre lors que l'on renõce au diable, il ne peut nuire en aucune façon. Toutesfois il n'y a rien d'incompatible en ce que nous auons dict.

L'on doit raser les sorciers & leur faire changer d'habits.

Chap. XLIII.

IL reste que nous touchiõs deux autres points qui concernent nostre sorciere. Le premier, pour quelle raison l'on luy fist coupper les cheueux. Le second, à quelle occasion l'on la fist despouiller pour recognoistre si elle auoit quelque marque sur elle.

L'on a rasé de tout tẽps les sorciers.

Quand au premier, l'on a pratiqué de tout temps ceste façon de faire contre les sorciers, que de leur raser tout le poil depuis qu'ils sont en iustice, à fin de tirer plus facilement la verité d'eux. L'Empereur Domitian en vsa ainsi à l'endroit du Philosophe Apollonius de Thianee, & plusieurs apres luy ont faict le semblable, qui s'en sont bien trouuez, mesmement qu'il y a eu des sorciers, qui ont sollicité les Iuges de leur faire couper les cheueux, disant qu'il leur estoit impossible autrement, de confesser la verité.

Philost. in vita Apollo.

Les sorciers sollicitẽt que l'on les rase. Voi Remi. l. 3. c. 9.

Pourquoy l'õ rase les sorciers.

Or cela se faict, d'autant que les sorciers ont des drogues de taciturnité, que l'on appelle autrement le sort de silence, qu'ils cachent dedans leurs cheueux, & pendant qu'ils les portent, ils ne confessent iamais : & estans applicquez à la Torture, qu'est lors principalement qu'on les doit razer, il ne sentent aucune douleur. Et pour ce que quelquefois ils cachent ce sort dedans leurs vestemẽs ; c'est pourquoy l'on leur fait encores ordinairement changer d'habits.

Les drogues de taciturnité Vide Marsi. in pract. §. nũc videndũ n. 52. Bod. li. 4. c. 1.

L'õ fait chãger d'habits aux sorciers.

Toutesfois il s'en est trouué qui ont blasmé ceste façon de faire comme superstitieuse. Mais il me semble qu'elle est licite. Car encor que le sort de silence ne profite rien de soy-mesme aux sorciers, si est-ce qu'ils croyent fermement le contraire, & ceste ferme creance leur faict perdre tout sentiment, ny plus ny moins que nous voyons les vns mourir, & les autres guerir par

Rem. li. 3. c. 9

Contre ceux qui disẽt que l'on ne doit pas raser les sorciers, ny leur faire chãger d'habits.

vne viue apprehension, qu'ils ont de la mort, ou de la santé.

J'ay veu viure d'espoir, vn qui desia mouroit; Ouid.

dict vn Poëte.

Pourquoy donc ne sera-il pas permis de faire abbattre les cheueux aux sorciers, ou bien leur faire changer d'habits pour leur arracher de l'esprit ceste ferme creance?

D'auantage ie trouue de tant moins de mal en cecy, qu'il est asseuré, que ceux, qui sont rasez, sont tousiours plus mols, & susceptibles de douleur que les autres.

Ceux qui sõt rasez sõt plus susceptibles de douleur.

L'on a veu des sorciers, lesquels estans plus rusez, ont auallé des breuuages, afin de se rendre les sens du tout assoupis. Ce qui est facile à faire: car le sauon mesme detrempé en eau claire y est mirablemẽt propre. Les criminels du iourd'huy sçauent si bien practiquer ceste recepte, que la torture ne vaut quasi plus rien pour tirer la verité d'eux, & pour cela il est bien necessaire que l'on se donne garde des Geoliers, d'autant qu'ils fournissent le plus souuent de tels breuuages à leurs prisonniers, sous espoir d'en remporter quelque profit.

Les sorciers auallent des breuuages pour ne sentir point les douleurs de la question.

Le torture ne sert plus de rien.

Il y en a d'autres, qui vsent de caracteres, & oraisons, & qui seruent mesme de certains versets, & passages de la saincte Escriture, cõme si Dieu estoit auteur de l'impunité de leurs malefices: Dieu, di-ie, qui ne demande sinon que l'on punisse les meschans, & qui a pour holocauste, aggreable & plaisante la Iustice que le Magistrat faict d'eux. Mais qui doute que ces derniers n'auallent aussi bien des breuuages pro-

De ceux qui vsent de versets & passages de la S. Escriture cõtre la torture.

pres pour assoupir les sens que ceux dont nous venons de parler? Car nous auons faict voir ailleurs que les caracteres, ny les parolles ne seruët de rien aux charmes, & fascinations.

Voi le c. 26.

Des marques des Sorciers. CHAP. XLIIII.

Les sorciers sont marqués Dan. au 4. point.

PAssons à l'autre point. L'on fit dõc despouiller Françoise Secretain, pour recognoistre si elle auoit quelque marque sur elle: d'autant que les sorciers sont marquez, comme l'on dict, les vns sur espaule, les autres sous la paupiere de l'œil, les vns sous la lãgue, ou bien sous la leure, les autres aux parties honteuses. Bref, il n'y en a point, qui ne soit marqué en quelque endroit de son corps.

Pourquoy Satan marque les sorciers.

Satan les marque ainsi pour leur donner à entendre qu'ils sont à l'aduenir ses esclaues. Car aussi nous lisons, que les esclaues sõt ordinairement marquez. Ce qui se voit principalement en Espagne, & en la Barbarie, où l'on les marque au visage. Et de tous tẽps les Princes, & les chef de guerre ont eu quelques signes pour discerner leurs subiects, & soldats. Et c'est pourquoy encor l'Antechrist marquera les siẽs d'vne marque particuliere, à fin de les recognoistre.

Esclaues marquez.

Ie diray d'auantage, que comme Iesus Christ a voulu remarquer ses fidelles par le signe venerable de la Croix, que ce singe de Dieu Satan s'est aussi estudié à son exemple, & imitation de marquer ses supposts de quelque signe, & caractere. Raymond en son Ante-christ dict, qu'il a veu des sorciers qui s'ẽtre-cognoissoiẽt a quelque petite tache dás l'œil. Dequoy ie ne m'esbay pas pource que l'on s'est dōné garde que les sorciers ont le plus souuent deux prunelles en vn mesme œil.

Comme sont les marques des sorciers.

Or la marque des sorciers est tantost comme vne piste, ou pied de lieure, & tantost d'autre façon. L'on en a veu vne, qui auoit vne figure rapportāt en grandeur à vn petit denier, du centre de laquelle s'estendoyent plusieurs filamēs vers sa circonference.

Bod. li. 4. c. 4.

Car. en son Ante-Christ 1. parte.

Cependant l'endroit, où sont ces marques, est tellement insensible, que ceux qui les portent ne remuent point, quoy que l'on leur fourre l'espreuuette iusques aux os.

L'endroit des marques des sorciers insensible.

Mais elles sont fort difficiles à trouuer: Par ce qu'elles sont de peu d'apparence, ioinct que le Diable les efface le plus souuent, depuis que les sorciers sōt reduits entre les mains de la Iustice. Le medecin Caron escrit que comme luy, & ses compagnons estoyent vne fois à rechercher la marque d'vne sorciere qu'il appelle la Boyraiōne, Satan qui possedoit vne ieune fille par le moyen de ceste femme, leur enseigna le lieu, où elle estoit, se mocquant d'eux de ce qu'ils ne l'auoyent peu trouuer. Quant à moy, ie n'ay iamais peu voir vne seule de ces marques, encore que i'en fusse assez soigneux, & que les sorciers ausquels ie faisoy le procez, confessassent mesme que Satan les marquoit, iusques là que George Gandillon me monstra la place, où le Diable l'auoit touché, sçauoir sur l'espaule gauche sans que i'y recogneusse rien: toutesfois i'attribue la faute à ce que nous n'auiōs point de Chirurgien

Les marques des sorciers difficiles à trouuer.

Au lieu preal.

expert pour lors.

Certains sorciers nõ marquez.

Il y en a neantmoins, qui ont dict, qu'ils n'auoiēt iamais esté marquez, du nombre desquels a esté gros Iacques Bocquet, lequel mourāt cõtrit m'en a asseuré. Et pour ceste occasion ie tiēs qu'il y a des sorciers qui ne sont point marquez, & pense que Satan marque ceux-là seulement, desquels il se doute le plus, faisant ny plus ny moins que ceux qui ont accoustumé de donner de l'argēt en prest: car s'ils se fient au debteur, ils se contenteront de sa parolle, sinon, ils le feront tresbiē obliger par escrit. Aussi lisons nous qu'il y a des sorciers qui ont faict des sedules au Diable, escrites mesme & signées de leur sang.

Bod. li. 3. c. 2.

Contre ceux qui sont si scrupuleux que de ne point faire mourir des sorciers, s'ils n'ont veu leurs marques.

Et de là, ie veux conclure, que ceux-là se font tort, lesquels sont si scrupuleux, que de ne vouloir pas condemner vn sorcier à mort, si ce n'est que sa marque soit au prealable recogneuë, selon qu'il se practique en vne Republique, que ie ne nommeray pas. A quoy sert encore ce que nous auons tantost dict, que le Diable efface le plus souuent les marques des sorciers, depuis qu'ils sont faicts prisonniers.

Leurs marques de sorciers seruent de presomption contre eux.

Au surplus, ces marques ont telle force en fait de sorcelerie, qu'elles seruēt d'vne presomption tres-violente contre les accusez, de sorte que si elles sont ioinctes auec d'autres indices, il est loisible de passer à condemnation.

Bod. l. 4. c. 4. Voy l'art. 37.

Satan tue bien souuent les sorciers en prison, ou bien il les sollicite de se tuer eux mesmes. Il leur reuele encore quelque fois, ce qui leur doit aduenir à leur mort.

CHAP. XLV.

VOila ce qui eſt de Françoiſe Secretain. Or ie ſuis aſſeuré que tout le monde iugera qu'elle eſtoit digne de mort, & de la mort ordinaire des ſorciers, c'eſt à dire, du feu. Mais elle fut preuenuë: Car comme l'on eſtoit ſur le point de luy pronõcer ſa ſentence elle ſe trouua morte en priſon.

Françoiſe Secretain meurt en priſon.

L'on a veu autrefois des ſorciers qui s'eſtoient eſtranglez d'eux meſmes, ce qu'ils faiſoiẽt, ſelon qu'il eſt vray ſemblable, à la ſollicitation de Satan: car comme il craint, que les ſorciers mourans par iuſtice ne ſoient induits à ſe repentir, il les tuë, ou bien il les ſollicite à ſe donner la mort d'eux meſme, à fin qu'ils ne luy eſchappent. Et ie me doute que le Diable n'ait ſuffoqué noſtre ſorciere, d'autant qu'elle nous a rapporté que l'on l'auoit voulu bruſler cinq ou ſix fois en priſon, iuſques à luy mettre le feu dans la gorge.

Sorciers eſtranglez en priſon.

L'on veut ſuffoquer Frãçoiſe Secretain en priſon.

Bien adiouſteray-ie, que ſur les menaces, que l'on luy faiſoit du feu, elle diſoit touſiours que l'on fit d'elle ce que l'on voudroit, mais que iamais l'on ne la bruſleroit. Il ſe peut faire que Satan luy eut reuelé, qu'elle mourroit en priſon: car i'ay leu quaſi le meſme d'vne ſorciere de Bieures: celle cy diſoit ſouuent à ſon Iuge, qu'il luy feroit vn meſchant tour, & deuant que l'on luy prononçaſt ſa ſentence, elle luy dict qu'il la feroit bruſler toute viue: le iuge la condamne à eſtre premierement eſtranglée, & puis bruſlée: mais elle fut bruſlée toute viue par la faute du bourreau. Clauda Iamguillaume, qui a eſté executée en ce lieu, eſtant ſur le bucher pour eſtre bruſlée toute viſue, dit auſſi au Bourreau, qu'el-

Satan reuele aux Sorciers ce qui leur doit aduenir à leur mort.

Bod. l. 4. c. 4.

Clauda Iamguillaume.

le sçauoit bien qu'il luy feroit vn mauuais tour, & qu'il la feroit languir, ce qui aduint: Car elle se destacha, & sauta par trois fois hors du feu, & mesme que le bourreau fut contraint pour iouir d'elle, de l'assommer auec vne palanche. Il me souuient encore, que comme l'on eust prononcé la sentence de mort à Antoine Gandillon, elle pria par reiterées fois, que l'on ne la fist point languir, ce qui fut recommandé au Bourreau, & neantmoins elle eut le plus de peine de mourir de six, qui furent executez auec elle, entre lesquels estoyent son pere & son frere. Il est donc facile à voir que ceste preuoyance, que les sorciers ont, viét du Diable. Toutesfois les deux dernieres moururent fort repentantes.

Antoine Gandillon.

Ruse de Satan.

Mais quoy? Satan peut estre leur remettoit au deuant, qu'elles languiroient pour les faire desesperer par la grauité de la peine qu'elles deuoient souffrir.

De la metamorphose d'homme en beste, & specialement des Lycanthropes, ou Loups-Garoux.

Chap. XLVI.

Iacques Bocquet. Clauda Iãprost. Clauda Iamguillaume. Thieuenne Paget. Clauda Gaillard.

PAr mesme moyen que l'on instruisoit le procés de Françoise Secretain, l'on faisoit aussi celuy de Iacques Bocquet, Clauda Iãprost, Clauda Iamguillaume, Thieuenne Paget, & Cauda Gaillard, Iacques Bocquet, appellé autrement gros Iacques, estoit venu de Sauoye, & fut prins sur l'accusation de Françoise Secretain. Clauda Iamprost estoit d'Orcieres, & fut chargée par gros Iaques. Clauda Iãguillaume, & Thieuẽne

Paget estoient aussi d'Ocieres, & furent accusées par gros Iacques, & Clauda Iāprost. Quant à Clauda Gaillard estoit d'Ebouchoux, & fut faicte prisonniere sur information precedente.

Les quatres premiers confesserent, qu'ils s'estoient mis en loups. Et qu'en ceste forme ils auoyent tué plusieurs enfans, sçauoir vn enfant de Anathoile Cochet de Lōgchamois, vn autre de Tieuét Bondieu, dict mutin d'Orcieres, aagé de quatre a cinq ans, vn autre de Grand Claude Godard, vn autre Claude fils d'Antoine Gindre, finalement ils confesserent, qu'en l'année quinze cens nonante-sept, ils rencontrerent sur les charrieres de Longchamois deux enfans de Claude Bault, vn fils & vne fille, qui cuilloient des freses, qu'ils tuerent la fille, & que le garçon se sauua à la fuite. Ils confesserent en outre qu'ils auoient mangé vne partie des enfans, que nous auons nōmez, mais qu'ils ne toucherent iamais au costé droit. Ces meurtres furent verifiez tant par le rapport des pere & mere, que de plusieurs autres des villages de Longchamois, & d'Orcieres, qui deposoient, que tous leurs enfans auoient esté prins, & tuez des loups en tel temps, & en tel lieu.

Les prenommez estans en forme de de loup tuent plusieurs enfans.

Ils en mangent vne partie.

Ils ne touchēt au costé droit.

Clauda Iamguillaume adiousta qu'elle auoit failly de tuer deux autres enfans, & qu'elles s'estoit cachée à c'est effect derriere vn grenier de montaigne, où elle demeura enuirō vne heure, mais qu'elle fust empeschée par vn chien, lequel elle tua de despit, & neantmoins qu'elle ne delaissa de blesser l'vn des enfans en la cuisse.

Clauda Iāguillaume faut de tuer deux enfans.

Elle est empeschée par vn chien.

Elle blesse l'vn des enfans en la cuisse.

Ieanne Perrin rapportoit aussi, que Clauda

Clauda Gaillard estãt en forme de loup assaut Ieanne Perrin.

Gaillard s'estoit mise en loup, & qu'en ceste figure elle l'auoit assailly en vn bois, dict froide combe. Ainsi donc c'est bien a propos que l'on a fait conioinctement le procez a tous ces gens icy, puis qu'ils se sont tous mis en loups.

Pierre Gandillõ George Gãdillõ loup garoux.

Perrenette Gandillon en loup.

Ils eussent encores eu pour cõpagnons Pierre Gandillon, George Gandillon pere & fils, d'autant que ces deux derniers cõfesserent semblablement, qu'ils s'estoient mis en loups: bien que le fils asseuroit, qu'il ne s'estoit iamais addressé a aucuns enfans, & que seulemẽt il auoit tué quelques cheures auec Perrenette Gandillon sa tante, & entre autres, vne qui estoit a son pere, ce qu'ils auoient faict par mesgard, selon qu'ils disoient.

Les prenommez au sabbat.

Tous les prenommez confesserent de plus qu'ils auoient esté beaucoup de fois au sabbat, qu'ils y auoient baisé, dansé, mangé, faict la gresle, & qu'ils auoient faict mourir vne infinité de personnes, & de bestes. Mais cõme nous auõs des-ja parlé particulierement de ces derniers actes, quand l'occasion s'en est presentée. C'est pourquoy ie viendray seulement au premier point, qui est de la Lycanthropie, & de la metamorphose d'homme en beste.

Si les hõmes peuuent estre changez en bestes.

Voy Bod. l. 2. c. 7.

L'affirmatiue.

Hõmes chãgez en loup.

La dispute est grande, sçauoir si les hommes peuuent estre chãgez en bestes: les vns ont tenu l'affirmatiue, les autres la negatiue: les premiers ne mancquent point de fondements, non plus que les derniers: car il a beaucoup d'exemples de cecy. La race d'Antæus en Arcadie en faict foy, & Demenetus Parrasius, lequel apres auoir gousté des entrailles d'vn enfant fut couerty en

loup

loup. Bref l'on dict que cela est commun entre les peuples de Septentrion: & du temps de Virgile il y auoit des Lycantropes.

J'ay veu souuent Mœris se transformer en loup.
Et se musser au bois.

Vn autre Poëte parlant de Lycaon: Ecleg. 8.

Il s'esgare estonné, & hurle solitaire,
Sans qu'il puisse parler, selon qu'il souloit faire.

Ceux de ce pays le doiuent aussi bien sçauoir, que beaucoup d'autres peuples, par ce que de tout temps l'on y a veu des loups garoux. En l'an 1521. l'on executa trois sorciers, Michel Vdō de Plane, qui est vn petit village sur Poligny, Philibert Montot, & vn nommé Groz Pierre, qui confesserent qu'ils s'estoient mis en loups, & qu'ils auoient tué, & mangé en ceste forme plusieurs personnes. Michel Vdon estant en loup fut blessé par le Sieur de la Chasnée, qui l'alla trouuer en vne cabane, où sa femme le pensoit de sa playe: mais il auoit repris pour lors sa forme d'homme. L'on a veu de tout temps des tableaux de ces trois sorciers en l'Eglise des Iacobins de Pouligny, mesmes que l'on les a rafraischis dés peu de iours en ça. Mais ie m'esbay que l'on n'a pas mis tout au long le surnom de Michel, car il n'est pas autrement que comme l'on le voit escrit cy dessus. Ie me doute que l'on ne l'ait voulu dissimuler pour quelque raison, qu'il n'est ja besoin de toucher icy. Et en l'an 1573. Gilles Garnier, qui auoit semblablement confessé qu'il s'estoit mis en loup, & que sous ceste figure il auoit tué & mangé plusieurs enfans, fut bruslé tout vif à Dole par arrest de la court. Voila

Michel Vdō de Plane sur Poligny. Philebert Montot. Le gros Pierre.

Gilles Garnier.

quant à la figure de loup q̃ les hõmes prennent.

Mais ils sont aussi changez quelquefois en autres formes de bestes: car nous lisons que Circé changea les cõpagnons d'Vlysses en Pourceaux.

Les compagnons d'Vlisses.

La sorciere Circé par ces vers execrables,
Changea les compagnons d'Vlysse, miserables.

Hõmes chãgez en asnes.

Et Lucian, & Apulée confessent, qu'ils ont esté autrefois changez en Asnes. Le mesme est aduenu à certains Pelerins, passant les Alpes, au tesmoignage de S. Augustin.

Lucian, Apulée.

Certains pelerins aux Alpes.

Li. 18. de Ciuit. c. 17. 58.

Il y a des sorciers qui se mettent encores en chats. De nostre temps vn nõmé Charchot du Bailliage de Gez, fut assailly nuictamment en vn bois par vne multitude de chats: mais comme il eust fait le signe de la Croix, tout disparut. Et de plus fraische memoire vn hõme de cheual passant sous le Chasteau de Ioux, apperceut plusieurs chats sur vn arbre, il s'aduance, & delasche vne scopette, qu'il portoit, & faict tomber de dessus l'arbre au moyen du coup de scopette vn demicin, auquel pendoyent plusieurs clefs, il prend le demicin & les clefs, & les emporte au village: estant descendu au logis il demande à disner, la maistresse ne se trouue point: non plus que les clefs de la caue. Il monstre le demicin, & les clefs qu'il portoit: l'hoste recogneut que c'estoit le demicin, & les clefs de sa femme, laquelle arriue sur ces entrefaictes estant blessée en la hãche droitte: le mary la prent par rigueur, & elle cõfesse qu'elle venoit du sabbat, & qu'elle y auoit perdu son demicin, & ses clefs apres auoir receu vn coup de scopette en l'vne des hanches.

Sorciers en chats.

Charchot.

Barth. de Spina. in Q. de Strig. c. 19.

Pierre Gandillō qui a esté bruslé tout vif estoit chargé de s'estre mis en lieure.

Mais quand nous n'aurions autres preuues, que l'histoire de Nabuchodonosor, pourquoy ne croirons nous pas la metamorphose d'homme en beste? Car il est dict, que ce Prince fut mué en bœuf, & que par l'espace de sept ans entiers il vesquit comme beste, pasturant de foin seulement.

Pierre Gandillon en lieure.

Hommes changez en bœuf.

Nabuchodonosor.

Daniel 4.

La transformation se peut de plus verifier par l'exemple de la femme de Loth, qui fut conuertie en vne statuë de sel, laquelle se voyoit encores du temps de Iosephe, selon que luy-mesme rapporte en ses Antiquitez.

La femme de Loth en statuë de sel.

Gen. 19.

Luc. 17.

Lib. 1. cap. 19.

Toutesfois i'ay tousiours estimé la lycanthropie autant faulse, que ie tiens impossible la metamorphose d'hōme en beste. Car il faut de deux choses l'vne: ou que l'homme, qui est changé en beste, retienne l'ame raisonnable, ou bien qu'il la perde à l'instant que la metamorphose se fait. Or le premier point ne se peut accorder, d'autant qu'il est impossible que le corps d'vne beste brute soit capable de contenir vne ame raisonnable. Nous voyons par experience, que la temperature du cerueau rend l'homme fol, ou sage, & que ceux, qui ont de petites testes, ne sont pas le plus souuent guieres sages. Pourquoy donc iugerōs nous, qu'vne ame douëe de raison puisse faire la demeure dedans la teste d'vn loup, d'vn asne, d'vn chat, d'vn lieure? D'auantage, il est dict en la Genese, que l'homme a esté crée à l'image, & semblance de Dieu, ce qui s'entend principalement de l'ame: Or ne seroit-ce pas

La negatiue.

La temperature du cerueau rend l'homme fol, ou sage.

Genes. 1.

tomber en vne absurdité trop grande de dire, qu'vne Image si belle, & si saincte habitast le corps d'vne beste? Et de là ie conclu qu'Homere s'est abusé, lors que parlant des compagnons d'Vlysses conuertis en pourceaux par Circé, il dict qu'ils auoient le poil, la teste, & le corps de porceaux: mais que la raison leur estoit demeurée entiere.

Que si celuy, qui est changé pert l'ame raisonnable, comme se peut-il faire qu'il la recouure, & qu'elle retourne en luy, lors que il a repris sa premiere figure d'homme? Si cela estoit, il nous faudroit confesser, que le diable feroit des miracles, attendu que la maxime des Philosophes est bien veritable : *Qu'il n'y a point de retour de la priuation a l'habitude.* Mais ie demande encores, en quelle part Satan loge l'ame raisonnable, depuis qu'elle est separée d'auec son corps : s'il la faict vagabonder par l'air, ou s'il la tient enserrée en quelque lieu iusques à tant que le Lycãthrope soit retourné en homme. Certes ie ne puis penser, que Dieu permette à celuy, qui a coniuré nostre ruine entiere, de se ioüer ainsi de nous. Aristote disoit bien mieux, que l'ame ne delaisse iamais son corps, ny plus ny moins que le pilotte sa nauire. Et croy que la transmutatiõ d'hõme en beste est de tant moins possible en la sorte que nous disõs, qu'il est veritable, que celuy-là seul peut changer la forme des choses, à qui la creation appartient. Ioinct que ce seroit chose indigne de voir, que l'hõme auquel tous les animaux de la terre sont assuiettis, se reuestist de la figure d'vne beste. Le Droit escrit a bien

Voy Rich. au discours des miracles c. 38.

D. Aug. D. Thom. Binsf. de conf. mal. 3. dub. princ. post prælud. concil. 2. Psal. 8.

tant eu de respect à sa face pour estre formée à la ressemblance de la beauté celeste, qu'il n'a point voulu, qu'elle fut defigurée soit par impression de marque, ou autrement pour aucun crime. Nous nous deurions faire sages au Concile d'Aquilée, qui repute ceux là pour infidelles, qui croyent la Lycanthropie, & la metamorphose d'homme en beste. C. Episcopi. 26. q. 5.

Et pour le regard de Nabuchodonosor, il n'a iamais esté transformé en bœuf, mais bien luy estoit il aduis, qu'il fut tel, & pour cela il se mesloit parmy les bestes brustes, & viuoit comme elles : ce qui nous est monstré bien ouuertement par les mots de l'Escriture saincte : *Resp. pour Nabuchodonosor.* *Hier. Epiph. & alij plures quos refert Binsf. d. 3. dub. concl. 3.*

Tu mangeras du foin ny plus ny moins qu'vn bœuf. Daniel. 4.

Mais quant bien nous accorderions, que ce Prince auroit esté vrayemẽt mué en Bœuf, il ne s'ensuiuroit pas pour autãt, que les sorciers eussent le pouuoir de se changer en loup par le ministere de Satã : Car au premier cas il nous faudroit escrier auec les magiciens de Pharaon, que *là estoit le doigt de Dieu.* Et en ceste façon ie veux entendre ce que i'ay dict de la femme de Loth. *Fœnum quasi bos comedes, vbi nota improprietatis.* *Exod. 8.*

Il s'en est trouué, qui ont nié tout à plat le changement d'homme en beste, & qui ont tenu que le Lycantrope faisoit ses executiõs en ame, & que son corps demeuroit mort derriere quelque buisson. Mais ceste opinion n'a non plus de verité que la premiere : Car s'il est ainsi que l'ame estant separée d'auec le corps, il faut necessairement, que la mort s'en ensuyue, cõme se pourroit il faire, que Satan ressuscitast le sorcier, veu que cela est vn œuure de Dieu seulement, selon *Contre ceux qui disent que le Lycãthrope faict ses executiõs en ame seulement.*

que nous auons touché ailleurs.

Quant à moy i'estime, que Satan quelquefois endort le sorcier derriere vn buisson, & qu'il va luy seul executer ce que le sorcier a en volonté, se faisant voir en apparence de loup, & ce pēdāt il trouble tellemēt l'imaginatiue du sorcier, qu'il luy semble qu'il ait esté loup, & qu'il ait couru, & tué des personnes, & des bestes. Il luy en prēd tout autant, qu'à ceux qui croyent fermement qu'ils vont au sabbat, & neantmoins demeurent couchez dans leur licts, estant vray semblable, que la gresse, dont ils se frottent, sert seulement à leur assoupir les sens, à fin qu'ils ne s'esueillent d'vn long temps. Que s'il aduient, qu'ils se trouuent blessez, c'est satan, qui les naure à l'instant que le coup est donné dans le corps, qu'il aura emprunté.

Satan execute luy seul ce que le Lycanthrope a en volonté de faire, & cependant il l'endort.

Voile c.17.

Mais toutesfois ie tiens, que pour l'ordinaire le sorcier luy-mesme court, & execute, non pas, qu'il soit trāsformé en loup, mais il luy semble, qu'il soit tel. Ce qui luy prouient de ce que le diable luy brouille les quatre humeurs, dont il est composé, si bien qu'il luy represente en sa fantasie, & imagination ce qu'il luy plaist. La chose sera plus facile à croire, si l'on considere, qu'il y a des maladies naturelles, qui sont telles, que les patiens pensent estre, les vns coqs, les autres porceaux, les autres bœufs. C'est ainsi encores, que les febricitans, comm'ils ont le palais mal disposé, iugent le plus souuent des viandes mal à propos.

Le Lycanthrope court luy mesme pour l'ordinaire.

Que s'il y a des personnes, qui iugent à voir le sorcier en ceste sorte, qu'il soit vrayement loup.

cela ce faict, pource que le Diable leur esblouyt, & fascine les yeux, au moyen dequoy ils pensent voir ce qui n'est pas: car la fascination est ordinaire à Satan, & à ses supposts. Nous en auons vn exemple remarquable en Simõ le Magicien, lequel dit à l'empereur Neron, qu'il luy fist trãcher la teste; & qu'il ressusciteroit le troisiesme iour, & cepẽdant il supposa vn mouton, que l'on decolla en sa place. L'on representa aussi à certain iour vne femme à S. Macaire, que tout le monde pensoit estre vne iument. Mais prenons seulement nos manieurs de cartes. I'ay veu vn Cõpte Italien nõmé l'Escot, lequel s'y mõstroit admirable. Il vo⁹ mettoit en main vn dix de picque, & toutesfois en fin vous trouuiez que c'estoit vn Roy de cœur, ou vne autre carte que la premiere. Ceux en presence desquels il faisoit ses tours estoient gens d'esprit, tellemẽt qu'ils se fussent bien donné garde, s'il y eust seulement de la subtilité des mains. Mais c'est sans doute qu'il esblouyssoit les yeux des assistans. Aussi leur tournoit-il le dos, & marmottoit ie ne sçay quoy entre ses dents, quand il iouoit de ses tours de passe-passe.

La fascination ordinaire aux sorciers.

Simon le Magicien.

Des manieurs de cartes qui sont sorciers.

Les deux exemples suyuans seruiront encor à nostre subjet en ce, qui cõcerne le dernier point que nous venõs de toucher. Il y a enuiron cinq ans que Benoist Bidel de Naizã, aagé de quinze à seize ans, mõta sur vn arbre pour cueillir quelques fruicts, ayãt laissé vne sienne sœur, moindre en aage que luy, au pied de l'arbre, la fille fut assaillie par vn loup qui estoit sans queuë, le frere descend promptement de dessus l'arbre, le loup

Exemples.

Les loups-garoux sans queuë.

quitte la fille pour s'addresser au frere, & luy oste vn cousteau qu'il portoit, duquel il le blessa au col, l'on accourut à l'aide du garçon qui fut conduit, & mené en la maisõ de son pere, où il mourut de ses playes quelques iours apres. Mais pendant sa maladie il declara, que le Loup qui l'auoit blessé auoit les deux pattes deuant au dedãs en forme de mains d'homme, & que le dessus estoit couuert de poil. L'õ a sceu du depuis que c'estoit Perrenette Gandillon, qui l'auoit tué, aussi s'absenta elle incontinẽt apres, que le coup fut faict, & fut massacrée par les paysans. Ieanne Perrin a sẽblablement deposé, que Claude Gaillard auec laquelle elle passoit vn bois, luy dict, qu'elle auoit dauantage d'aumosnes qu'elle, & sur ce, se retira derriere vn buisson, d'où Ieanne vit sortir tost apres vn loup sans queuë, qui vint à l'entour d'elle, & luy fist telle peur qu'elle laissa cheoir ses aumosnes, & s'enfuit apres s'estre armée du signe de la croix: & adiouste que ce loup auoit les arteils des pieds derniers comme vne personne. Il y a grande apparence, que ce loup n'estoit autre, que Clauda Gaillard: Car aussi dict elle par apres à Ieanne, que le loup qui l'auoit assaillie ne luy vouloit point faire de mal. Or ces mains, & ces arteils qui furẽt recogneus par Benoist Bidel, & Ieanne Perrin, ne nous feront-ils pas croire que Perrenette Gandillon, & Clauda Gaillard n'estoient pas vrayement transformées en loups?

Perrenette Gandillon.

Ceste Clauda Gaillard a esté bruslée pour sorcelerie.

Ce que gros Iacques Bocquet, Françoise Secretain, Clauda Iamguillaume, Clauda Iamprost, Thiuenne Paget, Pierre Gandillon, & George

Gadillon ont rapporté, ayde beaucoup à nostre proposition, d'autant qu'ils ont dict, que pour se mettre en loup ils se frottoyent premierement d'vne gresse, & puis Satã leur affubloit vne peau de loup, qui les couuroit par tout le corps, ce faict, ils se mettoient à quatre & couroyent parmy les champs, tantost apres vne personne, & tantost apres vne beste, selon qu'ils estoient guidez par leur appetit.

Les sorciers se frottent de gresse, & puis Satan leur affuble vne peau de loup.

D'auantage, ils ont confessé qu'ils se lassoient à courir. Ie suis souuenant, que ie demanday vne fois à Clauda Iamprost, comme elle pouuoit suiure les autres si dispostement qu'elle faisoit, & mesme lors qu'il luy falloit courir le contremõt de quelques rochers, attẽdu qu'elle estoit boitteuse, & de haut aage, surquoy elle me respõdit, qu'elle estoit portée par Satan.

Les sorciers se lassent, encores qu'ils soient portez par les Diables.

Mais cela ne garantit point les sorciers de lassitude: car ceux qui sont trãsportez par le Diable au sabbat disent, que lors qu'ils y arriuent, ou qu'ils retournent en leurs maisons, ils se trouuent tous las & recreus.

Remig. l. 1. c. 24.

I'ay veu marcher ceux que i'ay nommé à quatre par vne chambre, en la mesme façon qu'ils faisoient quand ils estoyent par les champs, & disoient qu'il leur estoit impossible de se mettre en loup, pour ce qu'ils n'auoyent plus de gresse, & q̃ le pouuoir leur en estoit osté par la prison.

Sorciers marchans à quatre.

I'ay de plus remarqué, qu'ils estoient tous esgratignez par le visage, par les mains, & par les iambes, & mesme Pierre Gandillon estoit tellement desfiguré, qu'il n'auoit comme point de semblance d'homme, & faisoit horreur à ceux

Pierre Gandillon n'a point de semblãce d'homme.

qui le regardoyent.

Les loups garoux desbabillent les personnes.

Finalement les habillements des enfans, qu'ils ont tué, & mangé, se sont trouuez par les châps tous entiers & sans rupture quelconque, tellement qu'il sembloit bien que ce fust vne personne, qui les leur eut deuestus.

Les sorciers courent en personne sous apparence de loup.

Qui ne iugera donc maintenant, que ces sorciers n'ayent eux-mesme couru, & commis les actes, & homicides, dont nous auons parlé? Car d'ou venoit la lassitude qu'ils auoient: S'ils eussent esté endormis derriere quelque buisson, comme se fussent-ils trouuez las? D'où prouenoient les égratigneures qu'ils auoiēt sur leurs corps, si ce n'est des ronses, & buissons qu'ils trauersoyent en courant apres les personnes, & le bestail? Mais n'est-ce pas encores l'œuure d'vne personne de des-habiller vn enfant de la façon que nous auons dict? Ie laisse a part leurs cōfessions, qui sont toutes vniformes.

Les sorciers mangent la chair humaine.

Ie sçay bien qu'il y en a qui ne se peuuēt persuader que les sorciers mangent la chair humaine: mais ils doiuēt cōsiderer, que de tout temps il y a eu des peuples qui en ont faict autant, encores qu'ils ne fussēt pas loups-garoux, lesquels l'on appelloit pour ceste raison Antropophages, & voire que l'on dict qu'il y en a encores pour le iourd'huy en grand nombre és terres Neuues, qui se glorifient principalement quād ils ont mangé beaucoup de leurs ennemis. Les sorciers font d'auantage: Car ils deterrēt mesme les corps morts, & dependent les autres des gibets pour manger leur chair, comme il se preuue par Apulée, & par ce passage de Lucian:

Voy. Bod. l. 4 c. 5.

Le licol elle rompt de sa sorciere dent,
Le gibet elle abbat, le corps elle depend,
Et puis pour se repaistre elle arrache cruelle
Les entrailles du ventre, & des os la mouelle.

Horace nous tesmoigne encore assez par ces vers que les sorciers sont affamez de la chair humaine.

Et que du corps repeu d'vne vieillie lamie, *In art. poet.*
L'on arrache vn enfant, qui soit encor en vie.

Les loups garoux ne peuuent toucher à la teste, ny au costé dextre. *Pourquoy.*

Ie m'esbay seulement de ce que nos sorciers disoient, qu'ils ne pouuoient toucher à la teste, ny au costé dextre des personnes, qu'ils tuoyent pour en manger. Gros Iacques rapportoit qu'ils ne touchoient pas à la teste, à cause du S. Chresme duquel l'on l'oinct: & Clauda Iamguillaume disoit, qu'ils ne touchoient pas au costé droict, pource que l'on faict le signe de la Croix de la main dextre. Mais ie ne sçay si ces raisons sont suffisantes, encores qu'il y a de l'apparence.

Auec quels instruments les loups garoux assassinent les personnes.

Que si quelqu'vn desire de sçauoir auec quel instrument les sorciers estans en apparence de loup dõnent la mort aux personnes qu'ils tuent, ie luy diray qu'ils n'ont que trop d'inuentions pour cela: car quelquefois ils se seruent de cousteaux, & de glaiues, comme nous auons dict de Perrenette Gãdillõ, qui tua Benoist Bidel de son propre cousteau: & ie tiens, que c'est la raison pour laquelle celuy qui a depeint les trois loups garoux de Pouligny leur faict porter à chacũ vn cousteau en la patte dextre. A d'autrefois ils trainent parmy les rochers, & les pierres ceux, qu'ils ont pris, & les tuent en ceste façon. Clauda Iamprost, Clauda Iamguillaume, & Thieuéne Paget ont confessé, qu'elles en faisoient ainsi. Ie ne doubte point qu'ils ne les estranglent aussi le plus souuent. Voila ce que i'auois à dire touchant les loups-garoux.

Contre ceux qui excusent les loups garoux.

Mais toutesfois il me fasche de passer outre, que ie ne me pleigne de ceux, qui les excusent, & qui reiettent tout ce qu'ils font sur Satan, cōme s'ils en estoient entierement innocens: car il se recognoist de ce, que i'ay dict, que ce sont les sorciers qui courent, & tuent eux-mesmes. De façon que nous pouuōs icy à bonne raison vsurper le Prouerbe qui dict, *Que l'homme est loup à l'homme.* Et puis quand il n'y auroit autre chose, que la damnable intention qu'ils ont: pourquoi ne les iugerons nous pas coulpables de mort, veu que la loy punit la volonté, mesmes és choses, qui ne sont point trop graues, encores que les effects ne s'en soiét point ensuyuis? i'adiouste qu'ils n'ont iamais telle intétion, qu'au preallable ils n'ayent renoncé à Dieu, & au Ciel.

L'hōme loup à l'homme.

La volonté seule punie. l.1.ad l. Cor. de Sicc. cum similib.

Que les sorciers vouent ordinairement leurs enfans à Satan, & du supplice prins de gros Jacques & de quelques autres sorciers.

Chap. XLVII.

Satan demāde à Gros Iacques vne sienne fille. Psal. 106. 4.Reg.23.

GRos Iacques confessa encores, que Satan luy auoit demandé vne sienne fille, mais qu'il ne luy auoit iamais voulu accorder. Toutefois ie croy le contraire, par ce que c'est l'ordinaire des sorciers de vouer leurs enfans au diable, dequoy nous auons beaucoup d'exemples.

Pierre Vuillermoz, fils de Guillaume Vuillermoz, à dit, que son pere l'auoit mené par deux fois au sabbat sous le village de Coirieres, estant aagé seulement de dix ans, & qu'il le sollicitoit instãment de se bailler à Satan, Claude & Claude Charlos freres, & Perrenette Molard ont semblablement dict, que Clauda Gindre leur ayeule maternelle les auoit conduit au sabbat estans encores en fort bas aage. Il est vray semblable que Guillaume Vuillermos, & Clauda Gindre auoient promis leurs enfans au diable, neantmoins ils n'eurent que la peur de le voir, & de l'ouir, parler, d'autant qu'ils ne se donnerent iamais à luy.

Ce qui aduint, selon que i'estime, pour ce qu'ils n'auoiẽt pas encores attaint l'aage de puberté, car Satan poursuit seulement ceux, qui excedent les douze, & quatorze ans.

Satan poursuit seulemẽt ceux qui sont desia en puberté.

Bod. li. 4. c. 5.

Clauda Gindre estoit mere de Guillaume Vuillermoz. De sorte qu'il est vray-semblable qu'elle ayt aussi desbauché son fils. Pierre Gãdillõ desbaucha Antoine Gandillon sa fille, & la mena au sabbat. Il fit le semblable à l'endroit de George Gãdillõ son fils. Perrenette Gãdillon estoit sœur de Pierre, & estoit de mesme sorciere.

Et voila comme il appert, que ce que l'on dict communément est bien veritable, sçauoir qu'il ne faut qu'vn sorcier pour gaster toute vne maison. Car c'est ainsi, qu'il y auoit iadis des familles en Afrique, & en Italie qui faisoient mourir les personnes en les regardant, & louant. C'est ainsi encore que la lignée d'Antæus en Arcadie se tournoit en loups & par apres reprenoit la figure d'homme.

Il ne faut qu'vn sorcier pour gaster toute vne famille.

Les peres sorciers ont homicidé leurs enfans.

Mais c'est chose plus estrãge, qu'il s'est trouué des peres, qui pour complaire au diable, ont homicidé leurs propres enfans, iusques-là qu'ils ne les ont pas espargnez dans le ventre de leurs meres, comme nous lisons du Baron de Rays: & de quelques autres, & Manasses Roy de Iudée sacrifia en mesme façon ses enfans au diable qui luy promettoit de le faire grand. Comme encore Medée en sacrifia deux des siens pour faire mourir Glauca fille du Roy Creon.

Manasses sacrifie ses enfans au diable.

Medée sacrifie deux de ses enfans, pour faire mourir Glauca Maxence.

Et l'Empereur Maxence, faisoit fendre les meres toutes viues pour auoir leurs fruicts, & enfans, lesquels par apres il immoloit à Satan, & en faisoit ses parchemins vierges:

Il fait ouurir le sein des meres déplorables
Pour en tirer l'enfant, & l'immoler aux diables.

Baptist. Mãtua.

Ce n'est dõc pas sans occasiõ, que l'on prend vn indice grand contre celuy, qui est accusé de sorcelerie, si ses pere, & mere sont sorciers, où bien l'vn d'eux. Il y en a, qui ont dict que ceste reigle estoit presque infallible, ce qui semble auoir beaucoup d'apparence, tant pour les exemples infinis, que nous auons des peres, & meres, qui ont perdu leurs enfans en ceste sorte, que pour ce que Satan ne cherche, que la ruine du gẽre humain, afin que par ce moyen il augmente son regne.

Indice contre l'accusé s'il est descẽdu de parẽs sorciers Bod. l. 4. c. 4. Voy l'art. 36.

Et c'est la raison pour laquelle il sollicite encores les sorciers, qui n'ont point d'enfans de desbaucher leurs voisins, & les rendre en ses filets, comme nous auons veu de Groz Iacques, & de la grosse Françoise, qui menerent l'Aranthon au Sabbat: la Micholette y fut aussi cõdui-

Les sorciers desbauchent leurs voisins.

te par son mary.

Gros Iacques fut en fin bruslé tout vif, & mourut contrit & repentant.

Groz Iacques bruslé tout vif.

Clauda Iamguillaume, Thieuenne Paget, & Clauda Gaillard luy firent compagnie : mais la derniere ne voulut iamais rien confesser, & se monstra si opiniastre, que l'on eust peine de luy faire crier mercy à Dieu: c'est celle, qui offensoit de son souffle. Nous en auons desia parlé, & toucherons encores cy apres les raisons de sa condemnation.

Clauda Iamguillaume. Thieuenne Paget & Clauda Gaillard bruslez.

Ie ne veux pas oublier ce que l'on practiqua à l'endroit de Thieuenne Paget, pour tirer le verité d'elle. C'est que comme elle eut demeuré en prison par l'espace d'enuirõ trois mois, sans vouloir rien cõfesser, l'on la logea en vne chambrette ioignãt à celle de groz Iacques, qui estoit l'vn de ceux qui l'auoient accusé : Mais l'on parla premierement à gros Iacques, lequel promit tout deuoir pour faire confesser Thieuenne, à quoy il ne manqua pas, d'autant que Thieuenne ne demeura qu'vne nuict proche de luy qu'elle confessa, & persista de tant mieux en sa confession, que l'on luy supposa le lendemain vn hõme instruit du Iuge, qui luy dit qu'il auoit esté au sabbat auec elle, rapportant particulieremẽt ce que contenoit la confession de groz Iacques & celles des autres sorciers, qui l'auoient accusé. C'est vne practique que ie conseilleray au Iuge de suyure quelquesfois, mais nõ pas tousiours. I'en ay parlé ailleurs.

Gros Iacques est cause que Thiuienne Paget cõfesse.

Voy l'art. 18. 19.

Quant à Clauda Iamprost, elle fut executée quelque temps auant les autres, & fut bruslée

Clauda Iamprost bruslée.

toute visue. Elle se recogneut, & mourut fort constamment.

De Guillaume Vuillermos dict le Baillu, du confront, que l'on luy fit de Pierre Vuillermoz son fils, & des fondemens que l'on auoit pour passer à condemnation contre luy, s'il n'eust esté preuenu de mort en prison.

CHAP. XLVIII.

Guillaume Vuillermoz faict prisonnier.

Il ne veut rien confesser.

L'ON fist par apres le procés à Guillaume Vuillermoz, dict le Baillu, lequel auoit esté emprisonné sur l'accusation de Gros Iacques, de Françoise Secretain, & de Rollãde du Vernois. L'Arãthon luy maintint aussi qu'elle l'auoit veu au sabbat, comme de mesme Pierre Vuillermoz son fils luy maintint, qu'il l'auoit mené en l'assemblée des sorciers. Toutesfois il ne voulut iamais rien cõfesser: & neantmoins l'on n'eust pas delaissé de passer à condemnation contre luy, s'il n'eust esté preuenu de mort en prison. Les raisons sur lesquelles estoit fondée sa sentẽce sont:

Les raisons de sa cõdemnation.

1. L'accusation de cinq de ses complices.

2. Le bruit commun, qu'il estoit sorcier verifié par vingt trois tesmoins.

3. Que Clauda Gindre sa mere, estoit desia suspecte, dont deposoient les mesmes tesmoins, ce que luy aussi ne nioit pas, non plus qu'vn sien frere, qui a du depuis soustenu la torture.

4. Que l'on ne l'auoit iamais veu ietter vne seule larme quelque effort qu'il eut fait de pleurer deuant le Iuge.

5. Que luy-mesme s'estoit offert de son propre mouuemẽt d'estre visité, à ce que l'on recogneut s'il auoit quelque marque sur son corps.

6. Les

6. Les Imprecations execrables, qui luy estoient ordinaires en ses responses.

7. Les confronts d'entre luy, & Pierre Vuillermoz son fils, lesquels ie veux coucher icy par escrit.

Premier cõfrõt de Baillu & de son fils.

Comme donc cet homme se rendit opiniatre en ses responses, & aux confrõts, qui luy furent faicts de Gros Iaques, de Frãçoise Secretain, de Rollande du Vernois, & de l'Aranthon, l'on se resolut de luy cõfronter son fils, qui estoit seulement aagé de douze ans. Le fils auoit changé de casaque en prison, l'on le faict venir deuant le pere, l'on demande au pere s'il le cognoissoit, il respond que non: l'on faict auancer le fils, l'on le faict parler, il dit a son pere s'il ne le cognoissoit pas bien, le pere respõd tousiours negatiuemẽt, & dict au fils qu'il auoit chãgé d'habits, l'on fait despouiller le fils, le pere faict encores difficulté de le recognoistre, l'on luy demande s'il y auoit long temps, qu'il n'auoit veu son fils, il respond qu'il n'y auoit que quatre mois, & qu'il le vit le iour mesme qu'il fut faict prisonnier. L'on faict de nouueau parler le fils, lequel en fin le pere recogneut apres auoir songé vn biẽ long tẽps en soy-mesme, & dict que c'estoit son fils Pierre: l'on passe outre. L'on demande au fils si son pere l'auoit mené au Sabbat sous le village de Coirieres, le fils respond qu'ouy, adioustãt que tout ce qu'il nous auoit dict, estoit veritable. Sur ces entrefaictes le pere entre en furie, & commence à crier, & vser de tels mots; *ah! mõ enfãt tu nous perds tous deux*, & à l'instant se iette en terre le visage contre bas si rudemẽt, que l'on iugeoit qu'il s'eſtoit tué. Toutesfois il retourna à ſoy & dit qu'il n'auoit iamais eſté au Sabbat, & moins qu'il y auoit conduit ſon fils. Cependant ſes reſponſes eſtoiét touſiours entremeſlées de pluſieurs imprecations execrables, & quelquefois il feignoit de ſe deſchirer les leures, & le viſage auec les ongles. Le fils perſiſte cóſtámeni à ſes premiers propos, & ſans s'eſmouuoir rapporte bien particulierement en quel temps, en quelle façon, & en quel lieu il auoit eſté mené au Sabbat par ſó pere, auquel il diſoit encores, que pour lors, il luy promettoit qu'ils ſe feroient riches : mais qu'il recognoiſſoit bien tout le contraire: Voila le Premier confront du Baillu, & de ſon fils.

Le fils conſtant.

L'on ſollicita par apres le fils ſeparément de declarer ſi l'on luy auoit point faict dire, ce qu'il auoit maintenu à ſon pere. L'on vſa d'autres remonſtráces en ſon endroit, iuſques à luy donner à entendre qu'il ſeroit cauſe de faire bruſler ſon pere tout vif. L'ó le menaça encores de luy bailler des verges. Mais il demeura touſiours ferme, & conſtant ſans iamais varier : c'eſt l'occaſion pour laquelle l'on le confronta de rechef quelques iours apres à ſon pere, auquel il maintint comme auparauant, il l'auoit mené par deux fois au Sabbat ſous le village de Coirieres : ce que le pere inficia, vſant de ſes imprecations accouſtumées. Le fils adiouſta qu'eſtát au Sabbat, ſon pere l'auoit ſollicité de ſe donner au diable, mais qu'il ne l'auoit pas voulu faire.

Second confrót du Baillu & de ſon fils.

C'eſtoit vne choſe non moins eſtráge, que pitoyable d'aſſiſter à ces confronts, d'autát que le pere eſtoit tout defaict de la priſon, il eſtoit en-

Note.

ferré de pieds, & de mains, il se lamẽtoit, il crioit, il se precipitoit contre terre. Il me souuient encores qu'estant retourné à soy, il disoit quelquefois à son fils d'vne parolle amiable, qu'il fist tout ce qu'il voudroit: mais qu'il le tiẽdroit tousiours pour son enfant. Et toutesfois le fils ne s'esbranloit en aucune façon, & restoit cõme insensible, si bien qu'il sembloit que la nature luy eust fourny d'armes contre elle mesme, veu que ses propos tendoient à faire mourir d'vne mort ignominieuse celuy qui luy auoit donné la vie. Mais certes i'estime qu'en cela il y ait eu vn iuste, & secret iugement de Dieu, qui n'a point voulu permettre qu'vn crime si detestable, comme est celuy de sorcelerie demeura caché sans venir en euidence. Aussi estoit il bien raisonnable, que le fils ne fut point touché en cet endroit des aiguillõs de nature, puis que son pere s'estoit directement bandé contre le Dieu de nature.

Iuste & secret iugemẽt de Dieu.

Arg. c privilegium xi. q. 3. c. cum accessissent de constit.

Et de là ie veux inferer, qu'au crime de sorcelerie le tesmoignage du fils doit estre receu cõtre le pere, & celuy du pere contre le fils, & qu'à plus forte raison les parens peuuent deposer, les vns cõtre les autres, au mesme crime, bien qu'és autres, leur tesmoignage soit reprouué du droit.

Au crime de sorcelerie le tesmoignage du fils est receu contre le pere & celuy du pere cõtre le fils.

I'adiousteray vne autre raison, c'est que le pere sorcier faict ordinairement son fils sorcier: la mere, la fille, le frere, la sœur, le frere, la tante, la niepce ou le nepueu, & exercent tousiours leurs meschancetez & abominations de nuict, & en secret, de façon que nul autre n'en peut deposer qu'eux, & pour cela il faut en ce cas donner lieu au droit escrit, qui admet la deposi-

L. parentes de test. c.

tion de ceux qui sont autrement reprochables, lors que le delict est commis de nuict. Mais d'auantage si au crime de leze Maiesté humaine le fils est receu a tesmoigner cõtre le pere, & le pere contre le fils, pourquoy non en celuy-cy, qui est vn crime de leze Maiesté diuine & humaine, & au premier degré? Dieu cõmanda bien autrefois aux Leuites de prendre les armes, & de tuer chacun son frere, & son prochain, pource qu'ils auoyent adoré le veau d'or. Bref si l'on ne faisoit ainsi, ce crime demeureroit le plus souuent impuny, qui est l'vn des plus grands mal-heurs qui pourroyent arriuer au monde, puis que Dieu nous commande si expressement de faire mourir les sorciers.

ff. in d. l. parentes. C. vergentis de hære l. fin. de malef. c. Exod 32.

Les freres tuent les freres & le prochain.

Si l'on doit inhumer en terre saincte celuy qui est accusé de sorcelerie, venant à mourir en prison.

Chap. XLIX.

AV reste cõme le Baillu mourut en prison, l'on fut empesché pour le regard de sa sepulture, d'autant qu'il sembloit qu'il ne deuoit pas estre inhumé en terre saincte, attendu qu'il constoit du crime.

Mais neantmoins la contraire opinion fut suiuie cõme plus douce, & equitable. Aussi est elle conforme au droit escrit, qui veut que l'accusé soit tenu pour conuaincu deslors seulemẽt que la condemnation s'en est ensuiuie, & qu'elle a esté aggreée. Ce qui est si veritable, que mesme s'il y a appel d'vn Iuge subalterne, l'accusé n'est point tenu pour conuaincu durant le temps de

L'accusé est tenu seulemẽt pour cõuaincu deslors que la cõdemnation s'en est ensuiuie. Et s'y a appel.

son appel. D'où vient que si quelqu'vn a esté condãné pour larcin, ou bien pour quelqu'autre crime, qui en importe infamie, & qu'il emette appel de la sentence, celuy là n'est pas reputé pour infame, iusques à tant que son appel soit vuidé, & la sentence confirmée. Et en semblable cas la loy declare vallable le testament faict par celuy qui a émis appel d'vne sentence renduë contre luy au faict d'vn crime capital, s'il meurt durant le temps de son appel. Ainsi donc s'ensuyt que celuy qui n'est pas condamné de sorcelerie n'est pas proprement conuaincu, & consequemment que l'on ne luy doit pas denier la sepulture en terre saincte.

L. furti in princ de his qui nota. infam.

L. qui à latronibus. §. fin. de test.

Ie passe plus auant, & dy que ceste proposition doit auoir lieu non seulemét pour celuy qui est conuaincu par tesmoings, mais encores par sa confession propre, moyennant qu'il soit repentant, suyuant la disposition du droit Canon: Car s'il eut vescu, il eust peu monstrer que sa confession estoit erronée, & sert à cecy que la loy veut que le crime demeure esteinct par la mort de celuy qui a delinqué.

C. placuit 23. q. 5.

L. defuncto de public. iud.

Ce seroit autre chose si l'accusé se donnoit la mort en la prison volontairement, & de propos deliberé. Car pour lors la sepulture luy doit estre entierement desniée. Et voire qu'il se practique en ce pays, que celuy qui s'est ainsi tué, est traisné sur vne claye le long de la ville, & puis mené iusques au lieu du supplice, ou il est bruslé, ou pendu seló la grauité de son forfaict. I'en ay veu ainsi vser à l'endroit d'vn maistre d'eschole, qui s'estoit pendu en la prison. Car par arrest de la

La peine de celuy qui se tue en prison.

De. c. placuit c. 1. de torneã. exemp.

Cour qui fut trainé tout mort sur vne claye par la ville iusques sur le Tartre, & puis attaché, & pẽdu au gibet. Le mesme s'obserue en plusieurs autres endroits, bien que quelques vns tiennent, que cela soit cõtre tout droit, attendu qu'il n'est pas permis, cõme ils disent, de seruir à l'encontre d'vn corps mort. Mais i'estime que nostre practique est soustenable, par ce qu'il s'est veu par experience, que la crainte que plusieurs ont eu de receuoir quelque deshonneur apres leur mort, les a retirez de mal faire, dequoy nous auons vn exemple fort notable en Plutarque des vierges Milesiennes, lesquelles l'on ne peust iamais empescher de s'estrãgler, iusques à ce que l'on publia par edict, que celles qui se pẽdroient plus, seroiẽt despoüillées toutes nuës apres leur mort au cõspect de tous. Mais il est en outre impossible que cela n'apporte vne terreur à ceux qui seroient en volonté de faire le semblable.

Iul. Clar. lib. 5. § fin. q. 51. nu. 13. 17.

Les vierges Milesiennes.

Ie ne veux pas disputer icy, si le corps d'vn sorcier, qui a esté executé à mort, peut estre demandé par ses parens, ou autres, à fin de l'inhumer, pour ce que la chose est trop claire de soy, & n'y a doute qu'il ne nous faille tenir en ce cas la negatiue: car si cela est denié au crime de leze-Maiesté, pourquoy non en celuy cy, qui est vn crime de leze-Maiesté diuine & humaine, & le plus detestable de tous les crimes qui se pourroient excogiter? Le cõtraire se practique bien és autres crimes de moindre qualité, & cela se faict en ce pays principalement, où la Cour a accoustumé d'accorder pieusement le corps de celuy qui est mort repentant, aux confreres de la Croix, qui

Si le corps d'vn sorcier executé peut estre demandé pour estre inhumé.

l. de cada. vnit. ff.

Les confreres de la croix de Dole.

s'estudient tous à l'ennuy l'vn de l'autre de dependre le corps, & l'inhumer en terre saincte le plus honorablemẽt qu'il leur est possible: ce qui se faict en conformité du droict Canon.

c. quæsitum 13. q. 2. vide clæ. § . fin. quæst. 100. nu. 1. & Nauarr. cons. 16. nu. 1. 4. 5. li. 5.

Les raisons & fondemens de la sentence condemnatoire de Clauda Gaillard.

CHAP. L.

LA sentence de Clauda Gaillard fut fondée en partie sur les raisons cy dessus deduictes, au regard du Baillu.

Car 1. elle auoit le commun bruit contre elle.

2. L'on ne la vit iamais ietter vne seule larme, quelque effort, qu'elle fit de pleurer.

3. Elle se seruoit ordinairement en ses respõces d'imprecations execrables.

4. Elle se cõdemna comme le Baillu auãt que d'estre accusée. D'autant que cõme l'on luy demanda entre autres choses, si Humbert Guichõ estoit marié, elle respõdit qu'ouy, & que sa femme se nommoit Marie Pertier, & à l'instant adiousta de son propre mouuemẽt qu'elle n'auoit iamais faict mal à ceste femme: & toutesfois c'estoit celle, qu'elle auoit faict malade en luy soufflant contre le visage.

5. Elle fut conuaincuë par le cõfront, qui luy fut faict de l'Aranthon. Car comme l'on l'eut faict venir auec vne autre femme en la chambre où les Officiers estoient, l'Aranthon la recogneut, & luy maintint constamment, qu'elle l'auoit veuë au Sabbat sous le village de Coirieres, auec d'autres qu'elle nomma.

D'auantage elle varia souuentesfois en ses responses.

Finalement elle estoit chargée de plusieurs actes de sorcellerie, & mesme d'auoir faict malades Marie Perrier, & Clauda Perrier en leur soufflant cōtre le visage. Itē d'auoir faict mourir six cheures à Pierre Perrier, & auoir faict malade vne iument de Ieā Perrier, & l'auoir guerie par apres, & de s'estre en outre mise en loup. Biē est vray, que les tesmoins, qui deposoient de ces actes, estoient singuliers, mais quoy? Ils estoient vniuersels au crime de sorcelerie, & pour autant ils faisoient foy, & mesmes pour ce qu'ils estoiēt tous, ou parens, ou alliés de Clauda Gaillard.

Les tesmoins singuliers fōt foy au crime de sorcelerie.

De Pierre Vuillermos, & Christofle du village d'Aranthon, & comme ils furent traictez doucement pour leur bas aage, & pour quelques autres considerations.

Chap. LI.

IE viens à Pierre Vuillermos fils du Baillu, & à Christofle du village d'Aranthon, laquelle ie nomme ainsi seulement, pource qu'elle n'a iamais sçeu dire comme s'appelloient ses pere, & mere, sauf que sa mere se nommoit Ieanne: or ils furent faicts tous deux prisonniers, sçauoir l'Aranthon sur l'accusation de gros Iacques, & sur ce qu'elle faisoit courir le bruit par tout qu'elle auoit esté conduite au sabbat sous le village de Coirieres par gros Iaques, & Françoise Secretain. Et quant à Pierre Vuillermos il fut prins sur l'accusation de l'Aranthon, & sur ce qu'il disoit de mesme par tout, que son pere l'a-

Comme l'Aranthon fut saisie.

Comme Pierre Vuilliermoz fut saisi.

uoit mené par deux fois au ſabbat ſous le village de Coirieres. Le dernier eſtoit aagé ſeulement de douze ans, lors qu'il fut faict priſonnier, l'autre de quatorze, mais il y auoit deux ans que l'vn & l'autre n'auoient eſté au ſabbat.

Pierre Vuillermoz ne ſe veut bailler au diable.

D'auãtage Pierre Vuillermoz ne s'eſtoit iamais baillé au diable, & n'apparoiſſoit point qu'il eut commis aucun acte de ſorcellerie: bien confeſſoit-il que ſon pere l'auoit ſollicité la derniere fois qu'il fut au ſabbat de ſe bailler à Satan, mais qu'il n'en auoit voulu rien faire, & adiouſtoit qu'il eut telle peur de voir le Mauuais, qu'il eut horreur de parler à luy, & que pour cela il ne voulut encore plus retourner au ſabbat.

L'Aranthon ſe baille au diable, & faict mourir vne vache.

Et quant à l'Aranthon elle recogneut, qu'elle s'eſtoit donnée au diable, & qu'elle auoit faict mourir vne vache à Coirieres à la ſollicitation de gros Iaques, & de la groſſe Françoiſe, qui luy auoient baillé certaine greſſe, de laquelle elle frota la vache ſur le derriere.

L'Aranthon confeſſa librement. Mais Pierre Vuillermos demeura trois iours ſans que l'on peut rien tirer de luy.

Pierre relaſché.

Toutesfois il fut en fin relaſché, auec ordonnance au procureur de tenir la main enuers ſes plus proches parens à ce qu'il fut catechiſé, & inſtruit en noſtre ſaincte foy Catholique, Apoſtolique, & Romaine, & de faire apparoir du deuoir dans trois mois prochains.

Les raiſons de ſon relaſche.

Ce garçon fut ainſi traicté doucement, pour ce qu'il ſembloit eſtre innocẽt. Car ſi bien il auoit eſté au ſabbat, cela ne le rendoit pas pour autant coulpable, à raiſon qu'il ne ſçauoit où il alloit lors, qu'il y fut mené, ioinct qu'il y fut cõduit par sõ pere, auquel il n'osoit desobeir. Mais ce qui monstre de tant plus son innocence, c'est qu'estant sollicité par son pere de se bailler au diable, il n'en voulut rien faire, & mesme ne voulut pas du depuis retourner au Sabbat.

L'Aranthon bannie.

Mais l'Aranthon fut bannie sur la Terre de S. Oyan, & luy fut de plus enioinct d'assister à l'execution qui se deuoit faire de gros Iaques Boquet, Clauda Ianguillaume, Clauda Gaillard, & Thieuenne Paget, afin qu'elle fut deterrée de continuer au seruice de Satan, & occasiõnée de changer de vie, par la grauité du supplice qu'elle verroit souffrir aux prenommés. L'on luy donna trois sepmaines pour vuider la terre, & fut ordonné au procureur de la faire cependant instruire, & catechiser.

L'Aranthon condemnable à mort.

L'on ne se retire pas facilement des rets de Satan

Bart. de spin. q. de strigib. c. 20. Remig. lib. 2. c. 2. Voy l'art. 63.

Ie ne doute point, que quelque iuge plus seuere ne l'eut condãnée à mort: car outre sa confessiõ d'auoir esté au Sabbat, & de s'estre baillée au diable, il apparoissoit encores, qu'elle auoit faict mourir vne vache par malefice, si biẽ qu'elle estoit du nombre des sorcieres, & pour autãt il semble, qu'elle meritoit la mort. I'adiousteray vne autre raison bien pregnãte, sçauoir que depuis, que l'on est vne fois empestré dans les rets de Satan, l'on ne s'en peut pas retirer. Aussi n'a on iamais remarqué qu'vn sorcier ait changé de vie, & par ainsi ce n'est que perdre temps de faire quelque grace aux sorciers, mesmement que l'on leur donne par ce moyen occasion de commettre dix mille meschãcetés, qui n'aduiẽdroyent pas si l'on en faisoit iustice. Et bien que l'Aranthon fut en bas aage, cela toutesfois ne l'excusoit pas, d'autant qu'és crimes graues, & atroces l'on ne s'arreste pas beaucoup à l'aage, si ce n'est pour diminuer quelquemẽt la peine. D'où vient que l'on a veu executer à mort des enfans, qui n'auoient que quinze ans, suyuant des loix, qui sont formelles à cest effect:

Bod. l. 4. c. 5. l. excipiũtur ad Syllania. l. si arrogati. de Tutel. D.

Neantmoins l'on trouua meilleur de proceder seulement à vn bannissement cõtre ceste fille pour plusieurs raisons, mais principalemẽt pour ce qu'elle preuint quasi la Iustice, en ce que comme gros Iacques, & la grosse Frãçoise furẽt faits prisonniers, elle fit tout aussi tost courir le bruit, qu'elle auoit esté menée au Sabbat par eux. Aussi d'ailleurs elle confessa librement incontinent qu'elle fut entre les mains de la Iustice, & accusa ses complices, demãdant qu'elle fut instruite en nostre saincte foy. Qui sont circonstances pour lesquelles la peine du sorcier doit estre diminuée, mesmement s'il est en bas aage, comme estoit l'Aranthon, qui n'auoit nncores attaint la puberté, lors qu'elle fut au sabbat. Car le droit mesme excuse celuy qui n'est pas en aage de puberté, si ce n'est qu'il soit capable de dol, à quoy est conforme ce que dict vn poëte:

Pourquoy elle a esté traictée doucement.

Voy Bod. li. 4. c. 3.

Voy Bod. liu. 4. c. 5.

l. illud relatum de iure iur. D. c. illud 15. q. 1. & ibi gloss.

Lucam. li. 9.

Mais nous luy pardonnons à cause de son aage.

Or ses promptes confessions, & la simplicité dont elle vsoit en ses responces, monstroient bien qu'il n'y auoit pas de la malice en elle.

L'on l'eust bien peu condamner au fouët, mais l'on consideroit que cela l'irritoit plustost que de l'induire à s'amender. Car comme les sorciers ne se retirent point du seruice de satã pour quel-

Les sorciers ne se retirent point du seruice de Satã.

que peine, que l'on leur dõne, si ce n'est la mort, il est certain que ce capital ennemy du gẽre humain les incite, dés qu'ils sont relachez à se vẽger, & faire pis qu'au parauant. Dequoy nous auons beaucoup d'exemples, mais ie prendray seulement celuy de Ieanne Haruillier, dont parle Bodin en sa Demonomanie. Celle cy estãt encores fort ieune eut le fouet à Verbery, pour crime de sorcelerie, elle ne desista pas pourautant, ains continua tousiours, & iusques à ce que trente ans apres elle fut bruslée vifue à Ribemont. Mais il ne se faut point esbahir si les sorciers ne se corrigent point pour le foüet, ou autre peine sẽblable, pource que le Diable les trauaillent bien d'auantage : car mesme il en bat iusques à la mort, & toutesfois ils ne le peuuẽt abandonner.

en la pref.

L'on ne doit point suyure de mediocrité en ce qui est des sorciers.

C'est donc pourquoy il semble qu'il ne faut point suyure de mediocrité, lors qu'il s'agit de punir les sorciers, ains qu'il faut ou les traicter du tout doucement, ou bien les faire mourir, conformément au conseil, qu'vn vieil capitaine des Samnites donnoit dans Tite Liue à ses soldats contre les Romains en vn autre faict.

Tit. Liue liu. 9.

L'on doit faire mourir les sorciers.

Les sorciers ne changent point de vie.

Mais certes ie seray tousiours d'aduis, que sur le moindre fondemẽt l'on les face mourir, quãd il n'y auroit autre raison que celle que i'ay desia touchée beaucoup de fois, c'est à sçauoir qu'ils ne chãgent iamais de vie. Neantmoins il se peut faire qu'il y ayt telle occasion d'excuse, que l'on auroit tort de passer à condemnation: mais cela demeure à l'arbitrage du Iuge.

De Rollande du Vernois, comme elle se trouua possedée en prison, & de sa deliurance.

Chap. LII.

DEscendons maintenãt à Rollande du Vernois, de laquelle nous auõs parlé cy dessus en plusieurs endroits. Ceste femme estoit du village de Chesery en Sauoye, & demeuroit au lieu de Croya, terre de S. Oyan de Ioux, elle estoit aagée d'ẽuiron trente cinq ans, & fut faicte prisonniere sur l'accusation de Iacques Bocquet, & de Françoise Secretain. Ie me suis proposé de rapporter entieremẽt ce qui s'est passé pour son regard: d'autant que la chose le merite, mesmement pource qu'estant faicte prisonniere, elle se trouua possedée de deux demons, dont elle a esté deliurée en prison.

Comme donc elle fut reduite en prison, le Iuge se transporte aussi tost en la Cõciergerie pour l'ouyr en response. L'on luy demãde en premier lieu si elle cognoissoit Iacques Bocquet, & Frãçoise Secretain, a quoy elle respõd affirmatiuement, se prenant cepẽdant à crier, & pleurer, & disant de son propre mouuemẽt qu'elle n'estoit du mestier dont l'on l'accusoit, & qu'elle n'auoit esté au sabbat, sans ietter toutefois vne seule larme. Elle cõfessa encores qu'elle auoit dit aux sergẽs, qu'elle n'estoit point marquée, mais bien que gros Iacques & Frãçoise Secretain l'estoiẽt, & qu'elle l'auoit ainsi ouy dire.

L'on luy confronte à l'instant gros Iacques, & Frãçoise Secretain, lesquels luy maintindrent qu'ils l'auoyent veuë au Sabbat sous Coirieres

Confront de gros Iacques & Françoise Secretain à Rollande.

par trois & quatre fois. Ce qu'elle inficia, vsant d'execrables imprecations, & de plusieurs menaces, mesme à l'endroit du Iuge.

Rollande est reserrée, & commẽce de confesser.

L'on la fait reserrer en vne prison assez estroicte, ou elle ne demeura qu'vn iour & vne nuict qu'elle fit entendre au geolier qu'elle estoit resoluë de dire la verité, moyennant que l'on la tirast de là, & que l'on la menast chauffer. Le Iuge estant arriué sur ces entrefaictes, luy promist de la conduire luy-mesme vers le feu, si elle vouloit confesser la verité, ce qu'elle accorda de faire, & dict à l'heure mesme qu'elle auoit esté vne fois au sabbat sous Coirieres.

Elle se trouue possedée.

Ainsi qu'elle se chauffoit, l'on luy demande si elle auoit esté au sabbat, elle respond qu'ouy, & qu'elle y auoit esté vne fois sous Coirieres. L'on l'interroge par apres de ce qui se faisoit au sabbat, mais elle demeura muette sur cest interrogat, sans pouuoir respondre autre chose, sinon qu'elle estoit empeschée de dire la verité par le malin esprit, qui la possedoit, & lequel elle sentoit comme vn gros morceau dans l'estomach, monstrãt auec la main, le lieu ou le mal la tenoit. Elle tomba encore à terre, & commença à iapper comme vn chien contre le Iuge, roulant les yeux dans la teste auec vn regard affreux, & espouuentable. D'où l'on print opinion qu'elle estoit possedée : ce qui fut mieux recogneu par deux Prestres, que l'on fit venir vers elle, ausquels elle declara auec grand peine, que le malin esprit l'empeschoit de dire la verité, estant quelque peu de temps apres retournée à elle, sur quoy elle confessa respondant aux interrogats, qui luy furent formez.

1. Qu'il y auoit enuiron demy an, qu'elle n'auoit esté au Sabbat.

Ses responces premieres.

2. Qu'elle y auoit esté menée vn Ieudy au soir par Groz Iacques.

3. Que le diable se presenta pour lors au Sabbat en forme d'vn groz chat noir.

4. Que tous ceux, qui estoient au Sabbat alloient baiser ce groz chat noir au derriere.

L'on luy demande subsecutiuemét, qui estoit ce groz chat noir, elle respond que c'estoit le diable, & sur cela le malin esprit recõmença de la vexer plus fort qu'au parauant, tellemét que elle eut peine de pronõcer d'vn bien lõg temps le sainct nom de Iesus.

Le matin il la laisse de nouueau, & ce pendant elle confessa.

1. Qu'estant au Sabbat elle s'estoit baillée au diable.

2. Qu'elle auoit en prealable renoncé Dieu, Chresme, & Baptesme.

3. Que Satan l'auoit cogneuë charnellement par deux fois au lieu de la Croya, & tout aussi tost adiouste, que le diable ne vouloit pas qu'elle dict la verité.

L'on luy demande de rechef s'il estoit veritable, que Satan eut eu cognoissance d'elle, elle respond qu'ouy, disant de plus que la semence du diable estoit froide. Mais elle n'eut pas si tost faict ceste response, que le malin esprit renouuella ses assauts, & luy ferma la bouche, de façon que l'on ne peust tirer vn seul mot d'elle, & seulemẽt sur quelques interrogats, que l'on luy re-

La semence du diable froide.

peta elle fit signe de la teste, & de deux doigts, que Satan l'auoit cogneuë charnellement par deux fois, & se print à iapper, & abbayer comme vn chien. Surquoy l'on la laissa.

Le l'endemain elle confessa, & rapporta.

Secondes responses de Rollande.

1. Qu'elle auoit assisté auec ceux, qui auoient faict la gresle au sabbat, mais qu'elle ne s'estoit aydée a en faire.

2. Qu'elle auoit veu au sabbat Clauda Coirieres & quelques autres.

3. Que Gros Iacques luy auoit baillé les demons, dont elle estoit possedée, & que ces demons estoient dans vne pomme, que Groz Iaques luy fist manger.

4. Qu'elle n'auoit esté precedemment au sabbat.

C'est tout ce que l'on peust tirer d'elle pour lors, à raison que le malin esprit recommeça de la tormenter auec vne telle vehemēce, qu'il fust aduisé, qu'il seroit bon de la faire coniurer, comme il fut faict le iour suyuant.

Rollande est coniurée.

Le prestre donc s'estant preparé donna au prealable à la possedée la sacrée Vierge Marie pour sō aduocate, & puis passe à ses exorcismes. Il coniure en premier lieu le demon de luy dire son nom: le demon se monstre difficile à respōdre, toutesfois comme il fut pressé, il dit qu'il s'appelloit chat: l'on luy demande, s'il estoit seul, il respond que non, & dict qu'ils estoient deux, que son cōpagnon se nommoit diable, & qu'ils auoient esté enuoyez par Groz Iaques au corps de Rollande. Le Prestre cōtinue ses exorcismes, & faict commandement aux demons de sortir.

Elle se treuue possedée de deux demons & leurs noms.

Le

Le diable respõd, que leur heure n'estoit pas encore venuë, & qu'ils auoyent bon terme. C'est icy que le combat commença grand entre le Prestre & Satan: Le Prestre s'aydoit de prieres, & de coniurations, le Diable se defendoit auec blasphemes & mocqueries, & faisoit semblant de ne se soucier pas beaucoup du ministre de Dieu. C'estoit vne chose estrange de voir cõme ce mal'heureux se seruoit du corps & des membres de la possedée. Car tantost elle regardoit le Prestre de trauers, & d'vn œil courroucé, tantost elle luy branloit la teste, & tantost elle luy faisoit la grimace, & luy tordoit la bouche en se mocquãt de luy. Mais sur tout i'admiray la puissance qu'il auoit sur les bras, & sur les mains de ceste pauure creature, d'autant que si l'on luy vouloit faire baiser la Croix, elle tendoit les mains au deuãt, pour empescher que l'on ne l'approchast d'elle, auec vne telle ardeur que l'on n'en pouuoit pas iouir: & au contraire si l'on luy vouloit faire prendre la Croix pour se seigner d'elle mesme, elle se trouuoit destituée de toute force aux bras, & aux mains, de sorte qu'elle ne la pouuoit pas seulemẽt empoigner. D'où l'on iugea que la Croix estoit vn vray fleau du Diable.

Les Demons sont enuoyez par gros Iacques.

Combat entre le Prestre & Satan.

Pouuoir de Satan sur la creature.

Satan à la Croix en horreur.

Il en prenoit tout autant, quand l'on aspergeoit la possedée d'eau beniste: car elle donnoit tous les empeschemens qu'il luy estoit possible, à ce qu'elle n'en receut vne seule goutte, mettant tantost les mains au deuant, & panchant tantõst le visage contre terre. Mais c'estoit vn cas estrange de la voir, quand l'on luy en faisoit boire. Pour ce qu'il falloit que deux, ou trois

Satã à l'eau beniste en horreur.

hommes s'employassent, pour luy faire ouurir la bouche; & deslors qu'elle en auoit aualle vne goutte, le Demon jappoit comme vn chien, criant: *Tu me brusles, tu me brusles*. Que si l'on continuoit à luy en faire boire, il disoit *qu'il en auoit assez, & que c'estoit prou*. Voire mesmes que quelquefois il menaçoit de tourmenter la possedée, de tant plus que l'on l'aspergeroit, ou feroit boire d'eau beniste. Ce qu'il faisoit aussi: car par fois il la rendoit tellemét lasse & recreüe, qu'à peine pouuoit-elle respirer, & à d'autresfois elle demeuroit comme morte.

Satan iappe comme vn chien.

Le Prestre reitere ses exorcismes, & coniurations, & fait commandemẽt aux demons de sortir, & d'aller au plus profond des enfers. Le Diable respond, qu'il ne sortiroit point, & que son heure n'estoit pas venuë. Le Prestre le presse d'auantage. Le Diable dict en fin, qu'il estoit bien proche, mais que son compagnon estoit encores bien bas. Et en ces entrefaictes la possedée mist la main sur son estomach, cõduisant le contremont de son gousier ie ne sçay quoy, qui fut en fin veu grossir au gousier. Ce fut lors que le demon dict qu'il estoit bien pres, mais toutesfois, que son heure n'estoit pas venuë. La nuict cependãt approchoit, de sorte, que l'on fut contraint de se departir, & laisser la possedée en la garde de Dieu.

Le gousier de Rollande deuient gros et enflé.

L'vn des demons neantmoins, sçauoir le Diable, ne laissa pas de la quitter sur les sept, ou huict heures du soir, & sortit par la bouche en forme d'vne limace toute noire, laquelle fit deux ou trois tours en terre, & puis disparut, selon que

Le Diable sort en forme de limace.

Rollande le rapporta le lendemain.

L'autre demon restoit, qui estoit le Chat. Celuy-cy rendit muette la possedee trois iours entiers, de façon que pendant ce téps-là, l'on n'eust pas moyen de rien tirer d'elle. Il estoit encores bien plus fascheux, que le premier, & pour cela il fallut trauailler d'auantage apres luy. Le Prestre commença ses coniurations à bon escient : L'on luy demande premieremét en langue Latine quel estoit son nom, il faict difficulté de respondre, l'on le presse tousiours en langue Latine. Il respond à la parfin ce mot, *Chat*. L'on l'interroge de son compagnon. Il se rend retif à respondre. Toutesfois comme il fut pressé, il dict qu'il estoit desia sorti, & qu'il estoit allé en enfer. L'on luy replique, qu'il falloit, qu'il le suyuit. Il respond que son terme n'estoit pas venu. Le Prestre exagere ses exorcismes, il se sert de la Croix, & de l'eau benite contre ce miserable. La possedée se comportoit ny plus ny moins que elle auoit faict la premiere fois. Elle auoit vn regard affreux, elle tordoit la bouche, & faisoit des grimaces horribles, elle branfloit la teste en se mocquant, elle se precipitoit contre terre, tellement que l'on estoit quelquefois quatre, ou cinq à la tenir.

Le chat rend muette la possedée.

Le diable entend le Latin.

Mais c'est vne chose espouuãtable d'entendre crier, & iapper le demon lors que le Prestre venoit à prononcer le S. nom de Iesvs, & qu'il inuoquoit l'assistãce de la sacrée vierge Marie, ou qu'il approchoit la Croix de la demoniaque, ou bien encores quand il l'aspergeoit d'eau benite, & luy en faisoit boire. Car il disoit quelquefois

Le diable tremble au S. nom de Iesus, & de la S. Vierge. La Croix, L'eau benite.

que l'ō le brusloit, & à d'autres que l'ō luy auoit assez donné d'eau benite, & que si l'on poursuyuoit à lui en ietter d'auātage, il ne sortiroit pas, & tormenteroit de tāt plus le corps de Rollande.

Le Prestre le cōiure donc de sortir. Il respond qu'il n'en feroit rien, & que son terme n'estoit pas venu, & sur ce vexe, & tormēte de tant plus la possedée, vsant tantost de ces mots en se resiouyssant? *I'ay bien tormenté ce corps*, & tantost de ceux-cy? *Ie suis bien pres.* Ausquels mots l'on apperceut grossir le gousier de Rollande comme l'on auoit faict la premiere fois, de sorte que l'on estimoit que le Demō sortiroit à l'heure mesme, mais toutesfois il n'en fit rié, ains dict tousiours que son terme n'estoit pas venu, & qu'il ne s'en iroit pas.

Le gosier de Rollāde gros & enflé.

Le Prestre le voyāt si opiniastre, luy dresse vn feu dans lequel il iette quelques parfuns, puis apres escrit son nom dans vn billet, qu'il brusla à l'instant. Le demon là dessus hurle, & iappe furieusement, si bien que les cheueux nous herissoient en la teste de l'entédre, & de voir d'autre costé la Rollande tellement extenuée du trauail qu'à peine pouuoit elle r'auoir son souffle.

Le Prestre dresse vn feu au demon. Vide flagel. dæm. exor. 6.

Or en cest endroit Rollande ietta la main, & les yeux du costé d'vne chambre, en laquelle Gros Iacques estoit prisonnier, & par apres les tourna contre les fenestres, qui regardoient sur la ruë. L'on luy demande qu'elle vouloit entendre par ce signe, elle ne respond autre chose sinon, *Gros Iaques*, car le demō la rendoit muette, Ie cogneu tout aussi tost, qu'elle desiroit que l'ō fit venir Gros Iaques. D'autant que cōme il luy

Rollande demande que l'on face venir Gros Iāques.

auoit baillé ses demons, elle auoit opinion qu'estant proche d'elle, il l'en pourroit faire quitte, du tout, aussi sur ce que l'on luy demanda si ce n'estoit pas ce qu'elle entendoit, elle respondit par signe, qu'ouy. Toutefois l'on aduisa qu'il n'estoit pas bon de faire venir Gros Iaques pour les raisons que i'ay touché ailleurs.

Le Demon demãde quelque chose pour sortir.

Par ainsi le Prestre continua ses exorcismes, & coniurations. Le demon pressé dict qu'il sortiroit, moyennant que l'on luy donnast quelque chose. L'on luy demãde qu'il vouloit: Il respõd qu'il vouloit du pain, & du froumage. L'on dõne du pain benit à la possedée, sãs l'aduertir que ce fut du pain benit, elle le mit dans sa bouche, mais aussi tost elle le recracha. Le demõ importune tousiours pour auoir quelque chose, il vsoit de ce mot Sauoye, *Quaquerã*. Toutesfois il n'eut rien autre que de l'eau benite à force, & pour ce que la nuict approchoit l'on se retira.

La Demoniaque recrache le pain benit.

Le demon sort en forme de limace.

Le demõ cependant sortit deux, ou trois heures apres, que nous eusmes laissé la possedée, en la mesme forme, & maniere que le premier.

Rollande demande du laict.

Ie ne veux pas obmettre, que comme i'allay voir vne fois ceste femme, qui fut au temps que elle estoit possedée du dernier demon, qui la rendit muette, elle approcha la main de sa bouche, auec vne façon telle qu'il estoit facile à cognoistre, qu'elle vouloit quelque chose. Et pour cela ie luy demanday qu'elle vouloit, a quoy elle respondit en son langage ce seul mot, *l'Affé*, qu'est à dire laict. Ie luy demanday derechef, si c'estoit-elle, qui vouloit ce laict, elle monstra par signe, que non, ains que c'estoit le demon.

Satan veut tousiours auoir quelque chose de nous.

D'où ie recogneu la ruse, & astuce du diable, qui veut tousiours auoir quelque chose de nous s'il peut: & de là vient que le plus souuent il faict croire à ceux qu'il possede, qu'il a faim, selon que l'a rapporté celle dont nous parlons, & auec elle Loyse, Maillat, ce que tous les demoniaques confirment aussi.

Ceux qui se mocquent des exorcismes, & coniurations de nos Prestres.

Chap. LIII.

Voy Rich. au discours des miracles. c. 33.

Iesus Christ deliure vn demoniaque.

Or ie ne puis ici, que ie ne m'esmerueille de quelques vns, qui se mocquēt des exorcismes & coniurations, dont vsent nos Prestres à l'édroit des demoniaques: car qu'elle raison ont ils en cela? Iesus Christ n'en a il pas guery vne infinité, pendant qu'il a esté en ce mōde? Tesmoin entre autres celuy qui auoit vne Legion de demons, duquel parle S. Marc en son Euangile. Et ne sçait-on pas que Iesus Christ à donné le mesme pouuoir aux hommes? *Remarque*, dit-il, *ceux qui croiront, l'on les recognoistra par les signes suyuans, c'est à sçauoir, qu'ils dechasserōt les diables en mō nom, &c.* Et ailleurs: *C'est vne sorte de demons, qui ne se peut chasser sinon par prieres, & ieusnes.*

Marc. 5.
Marc. vlt.
Matth. 7.

S. Paul deliure vn demoniaque.
Al. Alp. 16.
Act. 19.

Les habillemens & linges de S. Paul donnent guerison.

C'est en suite de cecy, que S. Paul deliura vne ieune fille deuineresse du malin esprit, dont elle estoit possedée, & qu'il est dict de luy autre part que, *Dieu faisoit des choses admirables en la personne de S. Paul, d'autant que l'on prenoit ses habillemēs, & ses linges pour les porter sur ceux qui se trouuoiēt malades, & vexez, & lors ils guerissoiēt, & les malins esprits sortoyent.* Les saincts personnages en ont faict tout autant apres les Apostres. Nous lisons que Fortunatus, & S. Hilarion auoient accoustumé de chasser par prieres & oraisons les malins esprits des corps des personnes, iusques là que le dernier en deliura deux cens en l'Isle de Cypre. Le semblable se lit de S. Bernard, & de plusieurs autres. Et noz Prestres dõc pourquoy ne pourront ils pas faire le mesme? La main de Dieu est aussi puissante qu'elle a iamais esté.

Les saincts personnages deliurent les demoniaques Fortunatus. S. Hilarion. D. Greg. l. 1. Dialo. c. 10. Hier in vita D. Hilarion. S. Bernard.

Ie dy bien d'auantage, c'est que les Diables mesmes se sont seruis quelquefois d'adiuratiõs. Car l'vn d'eux parlant a Iesus-Christ en S. Marc. *Ie t'adiure*, dit-il, *par le Dieu tout-puissant, que tu ne me tourmente point.* Et de faict il obtint ce qu'il demandoit, qu'estoit que luy, & ses compagnons ne fussent iettez hors de la regiõ des Gerasenes. Mais les exemples infinis de ceux qui sont deliurez iournellemẽt au conspect de tout le monde, deuroyent fermer la bouche à ces Athées & heretiques: Ausquels ie veux encores monstrer que les ceremonies de noz Prestres sõt sainctes, & religieuses. Apres que ie leur auray mis en auant vne chose aduenuë dés huict ans en ça nõ gueres loing de nous, qui les doit rẽdre du tout confus. C'est que le fils d'vn Gentil-homme huguenot se retrouuant possedé, l'on employa le Ministre du lieu pour le coniurer: Mais ce ministre n'eust aucun pouuoir contre les diables: ce qui fut incontinent recogneu par le pere, lequel estant plus curieux de la santé de son fils, que feruent en sa religion, mãda secrettemẽt vn Prestre Catholique, qui s'ayda des exorcismes ac-

Les diables se seruent d'adiuratiõs. Marc. 5.

Ceremonies de noz Prestres sainctes & religieuses.

Ministre ne peut chasser les Diables. Vn Gentil-homme huguenot mãde vn Prestre Catholique pour coniurer son fils possedé.

coustumes, & ordinaires en l'Eglise Romaine auec telle syncerité, que le possedé fut bien tost deliuré de ses demons. Ie nommerois le Gentilhomme si ie ne me doutois qu'il fust reprins par les Seigneurs du Canton, auquel il est subiect. Il me suffit de dire que ie tiens l'histoire de tresbon lieu, & que ie ne m'esbahy pas si le ministre dont nous auons parlé, ne profita rien à chasser les Diables, pour ce que iamais Ministre n'a eu ceste puissance, non plus qu'il ne se lit point que iamais heretique ayt faict miracle. Mais reprenons le fil de nos premieres erres. N'est-ce pas au nom de Iesus Christ que nos Prestres coniurent les esprits de sortir? Sainct Paul n'en faisoit-il pas de mesme? *Je te cōmande*, disoit-il, *au nom de Iesus Christ de sortir de ceste creature, & à la mesme heure l'esprit s'est party*. Et la Croix, & l'eau beniste, dont ils se seruēt ne sont-ce pas deux fleaux du diable?

L'heretique ne peut faire des miracles.

Act. 16.

Gregoire Euesque de Lāgres, & Albin Euesque d'Anjou chassent les Diables auec la Croix.

De la force & vertu de la Croix contre les Demons, & leurs supposts.

Chap. LIIII.

Car pour le regard de la Croix, les histoires nous font foy, qu'vn Gregoire, Euesque de Langres, & vn Albin, Euesque d'Anjou, chassoyent les Diables des corps des possedez auec ce signe. C'estoit encores auec les armes de la Croix, que les hermites du temps passé, & les autres saincts combatoient les diables, S. Antoine, & S. Marguerite en faisoient ainsi, & saincte Iustine auec le signe de la Croix chassa les deux Demōs qui luy auoient esté enuoyez par sainct

Greg. Turo. in vita pa. c. 7. Vin li. 23. cap. 243.

Les hermites font le mesme.

Iustine chasse auec la Croix deux Demons qui luy auoyent.

Cyprian, qui estoit pour lors encores addonné à la Magie, pour tenter sa virginité. Epiphane semblablement raconte, qu'vne Dame Chrestienne estant aux bains de Gadara en Iudée, se detrappa par ce signe salutaire des enchantemens de ceux qui la pourchassoient.

esté ennoyez par S. Cyprià pour tẽter sa virginité.

Epiph. lib. 1. to. 2. con. her.

D'auantage nous lisons de plusieurs, lesquels s'estants trouués inopinément, ou bien par curiosité au sabbat, & ayãt fait le signe de la Croix, tout est disparu aussi tost, & diables, & viãdes, & personnes. Ce qui est conforme à la doctrine de S. Athanase au liure de l'incarnation, ou il dict, que la Croix chasse les enchantemens, & sorceleries, & les rend de nulle valeur.

Mais prenons l'exemple de Iulian l'Apostat, lequel est bien plus estrange que ceux que nous venons de toucher. Ce Renegat se rencontra vn iour en vn temple d'Idoles entre plusieurs Diables, qui coniuroient la ruyne du genre humain, il eut peur de voir vne telle assemblée, il fit le signe de la Croix à l'imitation des Chrestiens, tous les Diables disparurent incõtinent, disans de Iuliã qu'il estoit vn vaisseau vuide, mais qu'il estoit marqué, à raison du signe, dont il s'estoit armé.

Iulian l'Apostat auec la Croix faict fuir les Diables.

Nazian. in orat. in Iulia.

Le semblable aduint, sont enuiron quarante ans, lors que les Bernois tenoyent le Baillage de Gez en la presence d'vn Charcot homme de la mesme terre, & qui estoit de la religion pretenduë reformée. Celuy-cy fut assailly de nuict au bois de Rat par vne multitude de chats, à l'encontre desquels il se mit en defense, se seruant d'vne espée qu'il portoit: mais cõm'il recogneut, que sõ espée ne luy profitoit en rien, il fit le signe

Charcot huguenot faict fuir des chats auec le signe de la Croix.

de la Croix, & lors tous les chats disparurent, le Bailly, qui estoit Augustin de Lutherno Bernois, ayant esté aduerty de l'histoire, mande Charcot, lequel luy confirma la chose en la sorte qu'elle a esté rapportée, & lors le Bailly luy dict, que s'il trouuoit que le signe de la Croix luy fut profitable, qu'il s'en deust tousiours ayder a l'aduenir. Ie tiens l'histoire du sieur de Pōgny, gentil-homme de la terre de Gez, & personnage d'hōneur, il n'y a pas neuf mois qu'Antoine Gētil, du païs de Vaux aussi subjet des Bernois & de mesme religiō que Charchot, chassa semblablemēt le diable auec le signe de la Croix, cet homme conduisoit par eau vne grande quantité de frommages à Lyon: ces frommages vindrent a estre submergez par vn orage qui s'esleua à l'improuiste, Gentil pour ceste perte se desespere par les chemins: Ainsi qu'il passoit vn bois, il rēcontre vn grand homme noir, lequel luy dit, que s'il se vouloit bailler à luy, il luy feroit recouurer ses frommages, & le feroit encore riche. Gentil demande à ce grand homme noir qui il estoit, l'autre respond qu'il estoit le Diable. Gentil la dessus faict le signe de la Croix, tout aussi tost le grand homme noir disparut, & comme par apres l'on voulut sçauoir de Gentil la raison, pourquoy il auoit faict le signe de la Croix, puis qu'il estoit huguenot: & que les heretiques n'ōt riē plus en haine que la Croix, il fit respōse, qu'il estoit bon de se seruir de toutes choses en sa necessité, ie sçai de ceux qui alloyent en compagnie auec luy à Lyon. Il y a eu aussi autrefois vn Iosephe, lequel n'estant pas Chrestien, chassoit les Diables des

Antoine Gentil huguenot, chasse le Diable auec le signe de la Croix.

Ioseph.

corps des possedés auec la Croix. Ce qui l'occasionna de se ranger au Christianisme.

En somme les demons ne sentent iamais la Croix, qu'ils ne soiét du tout esbrâslés: dequoy nous auons vn bel exemple outre ceux que i'ay touché cy dessus, dâs l'Antechrist demasqué de Caron, duquel ie mettray icy les mots. Le faict estant ainsi aueré dict-il, (il parle d'vn enfant qui se trouua possedé) vn iour i'entre dâs la maison, où estoit l'enfant, & à mon arriuée voicy venir à moy vne fille huguenotte, aagée de 18. ans, où enuiron, laquelle tenât vne petite Croix d'argét me donna signe de prêdre garde à ce qu'elle feroit. L'enfant estant tout reserré en soy-mesme, son nez sur ses genoux, dâs le lict, bien couuerte nous tournant le dos, & estant aussi impossible à luy de nous voir, ceste fille huguenotte commẽce à luy mettre la Croix sur ses espaules: mais de ce pas voicy l'enfant qui se contourne tout à coup, & s'estend auec des grimaces, se despitant contre nous. Apres l'enfant se remet dâs le lict comm'il estoit auparauant, & moy prins ceste Croix, mais ie ne la peu oncques approcher à deux doigts du possedé, qu'a l'instant il ne se releuat & contournat comme auparauant. Ce que i'experimentay par diuerses fois, lors & autres iours suiuans: Voila ce que dit Caron. Mais i'ay veu aduenir des choses aussi estrâges en Rollande du Vernois.

En la premiere marque.

Voy le c. 52.

I'adiousteray que les sorciers ne portét iamais Croix en leurs chappelets, du moins qui soit entiere. Comme de mesme celuy qui dict la messe en leur sabbat n'a point de Croix en sa chappe,

Les sorciers ne portent iamais Croix en leurs chappelets.

Voi le c.21. selon que nous auōs remarqué cy dessus. D'où il est facile à colliger que le diable l'a extremement en haine.

Le diable faict abbatre les Croix.

Voy les aduis du Iappon.

Ce qui est aussi si veritable, que le premier artifice, dont il vse, c'est de faire arracher les croix, comme il s'est veu és terres neuues en plusieurs endroits, & principalemēt au Royaume de Quabacondono, lequel fit defense à peine de la vie d'en porter, mesmes qu'il ne se contēta pas d'en priuer la terre, mais il voulut encor que ces edits eussent lieu sur la mer, de sorte que l'on estoit contraint d'effacer les Croix des banderoles des vaisseaux. Et s'il y a de plus que l'Antechrist grauera son caractere au front, ou en la main, afin que personne ne puisse faire, ou imprimer en son front le signe de la Croix.

L'Antechrist aura en haine la Croix.

Hypp. mart.

D. Greg. l. 1. Dial. c. 3. D. Hier. in epi. ad Eustoch.

Et pour cela les saints peres, sçachās tres-biē, que ce signe est l'vn des plus grands fleaux du diable, nous exhortēt de nous en munir en toutes nos actions, à fin que Satan ne puisse iamais rien contre nous. En quoy nous ne faisons rien, que ce qui s'est des-ia faict de tout temps par les Chrestiens au rapport de Tertulian, duquel ie mettray icy les mots : *Nous nous marquons*, dit-il, *au front du signe de la Croix à tous pas, à toute entrée, & sortie, à nostre leuer, au bain, à la table, en public, en chambre, en nous asseant, bref de quelque costé que nous nous tournions, & en quelque part que nous allions.*

De Cor. mi. lit. c. 3.

Euseb. in vita Constan.

Note.

Et Constantin le grand ayant experimenté en guerre de quelle force, & verttu estoit ce signe, fist à bonne occasion inscrire ces mots en vne Croix, qu'il auoit faict dresser à Rome à la dextre de sa statue, *C'est le signe de salut.*

De la force, & vertu de l'eau benite contre les demons.

CHAP. LV.

QVant à l'eau benite, elle a esté instituée en partie pour chasser les malins esprits, & les effects mõstrent quelle est son efficace : car d'ou viẽt, q̃ les demõs iappent, & abbayent, depuis que l'on en asperge la personne qu'ils possedent? Pourquoy crient-ils si souuẽt, *qu'ils bruslent, qu'ils bruslent*, si ce n'est pour ce qu'ils experimentent ceste eau pour l'vn des plus grands fleaux, qu'ils ayent.

L'eau benite instituée en partie pour chasser les malins esprits Can. aquam de consecra. dist. 3.

Mais pourquoy s'enfuyent-ils encores, quand l'on en iette au lieu qu'ils ont accoustumé de molester? Comme il fut faict à Camon en Allemagne, ou vn esprit commença d'inquieter les habitans, sans se faire voir d'vn premier coup, & neantmoins iettoit des pierres contre les personnes, & hurtoit ordinairemẽt aux portes des maisons, mais tost apres il se monstra en figure d'homme, & fit dix mille maux, & cependant comme le lieu fut aspergé d'eau benite par certains Prestres, qui furẽt là enuoyez par l'Archeuesque de Mayence, l'esprit disparut incontinẽt sans iamais retourner. Le mesme aduint en vn autre lieu, duquel il est faict mention en la vie de S. Gregoire, où le malin esprit en forme d'vn Taureau poursuiuoit le bestail, & les Bergers sans que l'on en peust rẽdre le lieu exempt, iusques à ce que l'on l'eut semblablement aspergé d'eau benite. Ce que Carõ rapporte en son Antechrist demasqué dõne biẽ encores à cognoistre que les demons n'aiment guieres ceste eau,

Lieux rẽdus exempts des malins esprits par l'eau benite.

Vide Thyr. de loc infest. par. 1. c. 1. nu. 19.

Ioa. Diac in vita D. Gre. li. 4. c. 93.

En la 1. mar.

Car il dict que luy-mesme ayant fait asseoir à sa table quelques demoniaques, il dõna ordre que leur vin se trouua trẽpé d'eau benite : Mais il ne fut iamais possible de les surprẽdre pour leur en faire aualler vne seule goutte: mesmes qu'ils frissonnoyent, quand ils portoient le verre à leur bouche, & toutesfois ils beuuoient sans aucune difficulté le vin trempé auec l'eau simplement naturelle. Il ne nous faut prendre que ce que nous auons veu aduenir en Rollande du Vernois, de laquelle, i'ay parlé cy dessus.

Des parfuns, dont vsent les Prestres en leurs exorcismes.

Chap. LVI.

Le parfun ne peut rien directemẽt cõtre le malin esprit.

Satan se delecte principalement à l'humeur melancolique.

La nature de Satan fade, & triste.

Les melancoliques possedez plus ordinairement.

IL reste, que nous mõstrions, que nos Prestres n'vsent pas mal à propos de parfuns en leurs exorcismes. Ce qui nous sera facile. Car ie veux bien accorder, que le parfun ne peut rien directement contre le malin esprit. Veu que le diable est sans corps, & consequemment sans odorat: mais il faut que l'on me confesse que ce malheureux se glisse parmy les humeurs dõt la personne est cõposée, & qu'il s'en sert pour la tormenter d'auantage, estant vray-semblable, qu'il se delecte principalemẽt à l'humeur melancolique, pour ce qu'il est cõforme à sa nature, qui est fade, & triste, & pour cela nous voyõs les melãcoliques plus souuent possedez, que les autres. Or il est certain, qu'il y a des parfuns, qui consumẽt, & corrigent ces humeurs: ce que faict mesme le souffre par sa subtilité. Pourquoy donc ne conclurons-nous pas que le diable quittera plus facilement le corps du demoniaque, s'il est repurgé des humeurs, dont nous venõs de parler, que s'il en estoit encores remply? *Card. de Va. li. 16. Vuie. l. 5. c. 9.*

L'Escriture saincte nous enseigne mesme que le malin esprit se plaist plustost en l'vn des corps qu'en l'autre: car nous auons en S. Marc, que les Diables estants commandez par Iesus Christ de sortir du corps d'vne personne qu'ils possedoiẽt ils demãderent d'estre enuoyés dans des pourceaux. Ainsi donc il ne faut pas blasmer les parfuns de noz Prestres, puis qu'ils seruent en quelque façon cõtre les demons. Ce que nous pouuõs encores mieux remarquer par l'exemple du ieune Tobie, lequel dechassa le diable auec vn parfun qu'il composa du cœur & du foye d'vn poisson. *Le malin esprit se plaist plustost en l'vn des corps qu'ẽ l'autre. Marc. 5.* *Tobie dechasse les Diables auec du parfun.*

Bié est vray, qu'il y entremesla des oraisons, & ieusna auec cela: mais nos Prestres font le semblable. Aussi n'y a-il doute que les parfuns, qui sont sanctifiez par la parolle de Dieu, ne soyent de plus grand efficace contre le Diable, que si l'on s'en seruoit en leur simple naturel. *Les parfuns sanctifiez sont de plus grand efficace.*

Contre ceux qui disent, que Satan faict semblant de craindre la Croix, l'eau beniste, & les exorcismes, mais qu'en effect il s'en mocque.

Chap. LVII.

AV reste il y a à rire de ceux qui disent que le Diable ne craint point les exorcismes, ny la Croix, ny l'eau beniste, mais qu'il feint de le craindre: car s'il est ainsi, que cest ennemy capital du genre humain ne cherche que nostre ruine

entiere pourquoy croirons-nous, qu'il quitte de son bon gré le corps de celuy qu'il a enuie de tourmēter, & de cōduire à perdition? Pourquoy ne possede-il tousiours à fin de le faire noyer, ou precipiter? Mais pourquoy vsoit-il encores de ces mots à l'endroit de Iesus Christ, lors qu'il le
Marc. 1. vouloit dechasser d'vn corps qu'il possedoit? *Qu'y a-il de cōmun entre no⁹ & toy Iesus de Nazaret? és-tu venu pour nous perdre deuant le temps? No⁹ sçauōs assez que tu és le sainct de Dieu*: sinō pource qu'il luy faschoit de quitter la persōne qu'il possedoit.

Voy le c. 54. D'auātage nous auōs veu comme les Diables s'enfuirent au signe de la Croix, que fit Iulian l'Apostat. Or qui iugera que ceste fuitte ayt esté dissimulée? S'il estoit ainsi, il faudroit conclurre que les Diables vouloient par ce moyen inuiter
Voy le c. 54. Iuliā de retourner en son premier estat de Chrestien, & adorer de nouueau la Croix. Et faudroit de mesme inferer, que les Diables deslogeoyent des corps des personnes au signe de la croix, que faisoit Iosephe pour s'attirer au Christianisme. Cōme de mesme encore il faudroit inferer que les chats, qui s'enfuitent au signe de la croix, que fit Charcot, qui n'estoient autres que diables, & sorciers, les faisoient ainsi pour inuiter ce Caluiniste à se ranger sous l'estendard de l'Eglise Ro-
Vide Thyr. de loc. infest. par. 3. c. 68. n. 12. 13. maine, qui a la croix pour le signe principal de son salut. Et ferons encores mesme iugement, d'Antoine Gentil, duquel nous auons parlé au chapitre de la croix. Ce seroit vne consequence absurde comme disent quelques Theologiens. Nō, c'est vne impieté de nier la force de la Croix de l'eau beniste, & des exorcismes, veu mesme

que

que les bestes les plus itraisonnables y obeissẽt, selon que l'on peut voir en S. Thomas, qui tiẽt pour cela que l'on les peut coniurer comme estans agitées par Satan pour offenser les hommes: ce qui est aussi approuué par le Nauarre.

L'on peut cõiurer les bestes irraisonnables.

2. 2. q. 90. Bod. l. 3. c. 6. In manu. c. 27. nu. 13.

Et ne faut pas que l'on trouue estrange si nous auons dit, que le gousier de Rollãde du Vernois fut veu grossir auant le depart de ses demons, & que les demons sortirent par sa bouche en forme de limaces. Par ce qu'il n'y a riẽ de nouueau en l'vn & l'autre point. D'autant que pour le regard du premier, comme le diable donne le plus souuẽt quelques signes à son issuë du corps des personnes, il a esté remarqué, que celuy-cy est l'vn des principaux, sçauoir que l'endroit par lequel il veut sortir s'enfle, & deuient gros outre mesure, selon qu'il aduint au Demoniaque, que S. Catherine de Sene deliura: Car le demõ voulant partir excita des tumeurs horribles au gousier du patient.

Satan baille tousiours quelque signal de son issue.

Thyr. de Demon. part. 4. c. 52. nu. 13.

Raim. in vita Carthar.

Le demõ excite des tumeurs au gosier d'vn demoniaque.

Et en ce qui concerne le second point. L'on a veu plusieurs fois les demons se partir des corps des possedez en forme de quelques bestes, cõme de mouches, d'aragnées, de fourmis, & autres semblables. Mesme que Palladius raconte, qu'il y en eust vn, qui sortit vne fois du corps d'vn ieune homme en forme d'vn dragon, qui auoit sept coudées de longueur. Mais reprenõs l'histoire de Rollande.

Le diable sort des demoniaques en forme de bestes.

Thyr. de demon. part. 3. c. 44 n. 5. & part. 4. c. 52. num. 8.

Sect. 25. in vita Pauli Simplicis.

Poursuite des responces de Rollande du Vernois & de sa condemnation.

CHAP. LVIII.

CEste femme estāt deliuree, est ouye de nouueau en response.

Troisiesme responce de Rollande.

1. Elle gemine ses premieres & secondes confessions en tout, sauf en ce qu'elle auoit esté cogneuë charnellement par le diable : car elle se retracte en ce point.

2. Elle adiouste qu'estant au sabbat, elle auoit offert des chandelles au diable, & l'auoit baisé au derriere auec les autres.

3. Qu'elle s'estoit aydée à y faire la derniere gresle, qui tomba du costé de Mousieres.

4. Que outre Gros Iaques, & Françoise Secretain, elle auoit encores veu au sabbat Clauda Coirieres, Guillaume Vuillermoz, dict le Baillu, & vn sien frere.

5. Qu'il n'y auoit que trois sepmaines, qu'elle auoit esté au Sabbat, lors qu'elle fut faicte prisonniere.

Quatriesme responce.

Elle est derechef ouye le 3. Nouēbre, & apres auoir reiteré ses premieres, secondes & troisiesmes responses, elle confesse en outre.

1. Que le diable estāt en forme d'vn chat noir portant des cornes, s'apparut à elle au lieu de la Croya la nuict mesme qu'elle alla au Sabbat, qu'estoit enuiron demy an auant qu'elle fut reduite en la conciergerie.

2. Qu'apres vne lōgue poursuite, elle se bailla à Satan, & renonça Dieu, Cresme, & Baptesme.

3. Qu'à l'instant elle alla au Sabbat à pied sous le village de Coirieres auec Gros Iaques, & Frāçoise Secretain.

4. Que lors, qu'elle fut au Sabbat, elle estoit desia possedée.

5. Qu'elle n'y auoit esté qu'vne seule fois.

Surquoy l'on luy remonstre, qu'elle s'abusoit de dire qu'elle n'auoit esté qu'vne fois au sabbat, D'autant qu'il apparoissoit assez par ses respõces qu'elle y auoit esté deux fois, en ce que par ses premieres elle auoit confessé, qu'elle y auoit esté trois sepmaines auant son emprisonnement: & par les dernieres confessoit, qu'enuiron demy an auant son emprisonnement, le diable s'estoit apparu à elle en forme de chat au lieu de la Croya, & que la nuict du mesme iour elle alla au sabbat. Elle respond qu'elle n'auoit pas bien comprins l'interrogat dernier, que l'on luy auoit formé sur ce point, & qu'elle estimoit que l'on luy demandast s'il y auoit long-temps qu'elle estoit possedée auparauant qu'elle fust reduite en la Conciergerie. Ce neantmoins l'interrogat luy auoit esté formé fort intelligiblement. *Elle se contrarie.*

Quelques iours apres l'on l'oit encores en response, & dict apres auoir reiteré ses premieres, secondes, tierces, & quatriesmes.

1. Qu'elle cognoissoit Pierre Vuillermos, fils du Baillu, comme aussi l'Aranthon, mais qu'elle ne les auoit iamais veu au sabbat,

2. Qu'elle auoit eu a diuerses fois quelques propos rigoureux auec Perrennette, femme de Claude Panisset, & que Perrennette luy reprochoit lors de leurs disputes, que le bruit estoit, qu'elle estoit vaudoise, & que si elle le sçauoit asseurément, elle ne la retiédroit iamais auec elle: toutesfois qu'elle ne le pouuoit croire. *Cinquiesme response de Rollande.*

3. Qu'il y auoit plus de trois ans auant son emprisonnement, que tous ceux du Village du

Prel luy auoient reproché, qu'elle estoit vaudoise, & sorciere : mais qu'elle n'en sçauoit pas l'occasion.

4. Qu'elle auoit aydé Clauda Coirieres, à recueillir son chanure plusieurs fois.

5. Que lors q̃ le Diable s'apparut a elle au lieu de la Croya en forme d'vn chat noir, elle estoit en son sẽs rassis, & n'estoit aucunemẽt troublée.

6. Qu'auant son emprisonnement elle ne sçauoit qu'elle fust possedée: mais bien qu'elle sentoit ie ne sçay quoy, qui luy remuoit dedans l'estomac, & q̃ la veuë luy troubloit quelquefois, & de plus quãd, qu'elle prenoit des paroles vne siẽne sœur, nõmée Ieanne. Mais que cela la tenoit par interualle, & non pas continuellement.

7. Qu'elle alla au sabbat auec Groz Iacques, & Françoise Secretain, & qu'elle les rẽcontra proche le lieu ou se faisoit le sabbat.

7. Que le Diable, lors qu'il s'apparut a elle, luy declara le lieu, où le sabbat se tenoit.

9. Qu'elle ne sçait en quelle façon elle y alla.

Ces responses faictes, l'on luy confronte Pierre Vuillermos, & l'Aranthon, lesquels luy maintindrent constamment, qu'ils l'auoient veuë au sabbat sous Coirieres par deux fois, & deux ans auant son emprisonnemẽt. Mais elle inficia tout.

La dessus, le Iuge ordonne qu'elle seroit appliquée à la torture, pour tirer la verité d'elle sur quelques chefs. Dõt elle émet appel à la Cour. Laquelle vuidant l'appel met iceluy à neant, ensẽble l'appoinctemẽt de questiõ, & par nouueau iugement faisant droit aux parties sur leurs pieces, condamne l'appellante a estre cõduicte par l'executeur de la haute Iustice sur le Tartre, & là attachée à vn poteau, & puis bruslée. L'arrest fut executé le 7. de Septembre de l'an 1600.

Rollande cõdamnée à estre bruslée.

L'arrest executé.

Mais comme l'on sortit ceste femme hors de prison, l'air à l'instant s'obcurcit par tout, de nuées fort espesses, lesquelles vindrẽt à se resoudre tost apres en pluyes si abondantes & impetueuses, qu'à peine peust-on allumer le feu pour la brusler.

Ainsi qu'elle sortit de prison l'air s'obscurcit.

Or il est vray semblable, que ces pluyes inopinées furent causées par Satan, lequel peut-estre auoit donné asseurance à Rollande, que l'on ne la brusleroit pas, ou du moins, qu'il feroit en sorte qu'elle ne sentiroit point les flammes, & ardeurs du feu: Car il en fait ordinairement ainsi à l'endroit des sorciers, à fin qu'il les retienne tousiours entrapez dans ses pieges, & que ces gens la perdent l'occasion de se conuertir.

Le Diable faict croire aux sorciers que l'on ne les pourra brusler.

Comme il est aussi aduenu a nostre sorciere. D'autant qu'elle mourut endurcie, si auant que lors, que l'on l'exhortoit à se recognoistre, & recourir à l'immense misericorde de Dieu, elle respondoit seulement, qu'elle auoit bon maistre.

Rollande meurt endurcie.

Au surplus les fondements principaux de sa condemnation à mon aduis sont.

Les fondemens principaux de la condemnatiõ de Rollande.

1. Qu'il apparoissoit tant par ses responses, que par le confront, qui luy fut faict de Frãçoise Secretain, Pierre Vuillermos, & de l'Aranthon que elle s'estoit baillée au Diable, & auoit esté au sabbat long temps auant qu'elle fust possedée: ce que gros Iacques luy auoit semblablemẽt maintenu, auquel l'on adioustoit de tant plus de foy, Que mourant contrit & repentant il auoit prié

les officiers d'en faire iustice, disant, que si l'on la laissoit eschapper, elle gasteroit tout.

2. L'hantise & frequentation qu'elle auoit eu auec Gros Iacques, & Clauda Coirieres, lesquels auoyent esté bruslez quelques iours auparauant.

3. Les variations, qui se retrouuoyent en ses responses.

4. Le bruit commun qu'elle auoit contre elle ja dés long temps, ce qu'elle mesme confessoit: iusques à dire, que tous ceux du village du Pré luy auoiét reproché trois ans auant son emprisonnement, qu'elle estoit vaudoise, & sorciere.

5. Qu'elle n'auoit iamais ietté aucunes larmes, quoy qu'elle eust faict plusieurs fois ses efforts de pleurer.

6. Que ceux, qu'elle auoit accusé d'auoir esté au sabbat auec elle se trouuoient suspects de crime de sorcellerie, si auãt que les vns auoiét esté bruslez, les autres appliquez à la Torture, & les autres estoient morts en prison.

Rollande auoit beaucoup de choses en elle, qui ne se pouuoient attribuer à vn demoniaque, & quelles.

Finalement l'on remarquoit beaucoup de choses en elle, qui ne se pouuoienr pas simplement attribuer à vn demoniaque, & mesme qu'elle ne iettoit aucunes larmes seló que nous venons de dire. Item, qu'elle auoit esté cogneuë charnellement du Diable. Et en dernier lieu, qu'elle auoit esté au sabbat, & y auoit faict la gresle. Qui sont actes lesquels ne tombent iamais en vn inspirité.

Et pour ces raisõs l'õ ne s'arrestoit pas à ce qu'elle alleguoit pour ces excuses, c'est à sçauoir qu'elle estoit possedée lors qu'elle fut au sabbat, & que ſi elle auoit confeſſé quelque choſe, qui luy fut preiudiciable, ce n'eſtoit d'elle, d'où telle confeſſion prouenoit, ains des demons, dont elle eſtoit poſſedée, qui parloient par ſa bouche. Car le contraire ſe recognoiſt tout ouuertement par ce que nous venons de deduire.

Que ſi bien elle s'eſtoit retractée en quelques points, cela ne luy eſtoit en rien releuant, pour ce que l'on ſçait, qu'il ſe faut arreſter aux premieres confeſsions des ſorciers, comme nous auons monſtré ailleurs. Ioinct meſme qu'elle ne faiſoit point apparoir, qu'il y euſt aucun erreur en ces confeſſions.

Il ſe faut arreſter aux premieres cõfeſsions des ſorciers. En l'art. 50.

Ie diray encore ce mot auant, que de mettre fin à mon diſcours. C'eſt que l'on a admiré en ceſte femme, qu'elle ait eſté poſſedée eſtant deſia ſorciere: Car il y en a qui ont tenu, que les ſorciers ne ſont pas facilement inſpirités, ce que Thyræus debat bien amplement en ſon Traicté des Demoniaques.

FIN.

INSTRVCTION POVR VN IVGE, EN FAICT DE Sorcellerie.

A. M. Daniel Romanet Aduocat au siege de Salins.

ARTICLE I.

LE Iuge Lay en ce païs peut seul cognoistre des sorciers quand il y a interuētion de faict. La Cour l'a ainsi declaré le 28. de Septēbre, 1598. Ce qui s'obserue aussi pour le iourd'huy en France au rapport de Papon.

Lib. 22. tit. 3. ar. 1. 2. Vide Imbert. lib. inst. for. 3 c. 6. cla. §. hæresis. n. 25. Bod l. 4. c. 4. de sa Dem.

ARTICLE II.

Le crime de sorcelerie est vn crime excepté, tant pour l'enormité d'iceluy, que pour ce qu'il se commet le plus souuēt de nuict, & tousiours en secret. Et pour autant le Iugement en doit estre traicté extraordinairement, & ne faut pas y obseruer l'ordre de droit, ny les procedures ordinaires.

Iocob. de Bel. vsu. in sua pract. tit. de inquis. n. 52. clar. lib. 5 q. 50. nu. 1.

ARTICLE III.

Le Iuge doit recognoistre, si les presomptiōs & coniectures sont suffisantes pour proceder à vn emprisonnement contre l'accusé: car l'on ne peut bailler vne regle certaine en cecy. Mais si eſt-ce que ie ſeray touſiours d'auis que l'on arreſte vne perſonne ſur l'accuſation de ſes complices, quand bien il n'y en auroit qu'vn. D'autãt que l'on a remarqué, que les ſorciers, qui ont confeſſé, n'en ont point accuſé pour l'ordinaire, que ne fuſſent du meſtier, ou du moins treſſuſpects, ſi auãt que Binsfeldius, Suffragã de Treſues, eſcrit, qu'à peine que de cent ſorciers, il s'en trouue vn, qui en accuſe vn autre mal à propos. *De conf. malef. memb. 2. concluſ. I.* *Bod. lib. 4. cap. 4.*

Il en faut faire tout de meſme ſi la perſonne eſt chargée du bruit commũ, par ce que le bruit commun eſt preſque infallible en faict de ſorcellerie.

ARTICLE IIII.

Ceux qui ont la charge de prendre l'accuſé, doiuent rechercher ſongneuſement, s'il aura point quelques greſſes, ou poudres ſur ſoy. D'autant que ces gẽs-là ſe ſeruent de telles drogues en leurs malefices. *Voy le ch. 25. 24. & l'art. 31.*

Il faut auſſi qu'ils remarquent bien particulierement la contenance du priſonnier, & meſmement ce qu'il dira; car comme il eſt ſurpris. Il luy eſchappe de dire beaucoup de choſes, qui ſont directement contre ſoy, comme, qu'il eſt mort, qu'il n'eſt pas de ces gens-là, qu'il n'eſt pas marqué, que l'on le rebaptize: &c. Et de la le Iuge bien auiſé, doit commencer ſes interrogats.

ARTICLE V.

Il y en a qui ont accouſtumé lors qu'ils ſe ſaiſiſſent d'vn ſorcier, d'empeſcher qu'il ne touche point terre, eſtimans, que par ce moyen il ſera plus facile de tirer la verité de luy. Mais ceſte façon de faire ne me plaiſt point, & tiés auec Re- *Dæmon. Lib. 3. cap. 9.*

Part.3.q.8. my, qu'elle est superstitieuse. Spranger neantmoins la defend, mais auec tels fondemens, que il n'est ja besoing d'y respondre.

ARTICLE VI.

Part.3,q.15. *Voy le c.27. 28.* Le mesme Autheur aduertit le Iuge de se dõner garde que le sorcier ne luy touche point la main, & les bras nuds, ou biẽ qu'il ne le regarde le premier, afin que le sorcier ne le corrompe en ceste façon : Mais ie tiens que cecy soit semblablement plain de superstition, pour ce que non seulement la main, ny le regard du sorcier n'ont rien de propre à c'est effect, mais il est encores *Au c.37.* asseuré, que ces gens-là ne peuuẽt nuire aux officiers de iustice, comme i'ay monstré ailleurs.

ARTICLE VII.

Le Iuge doit ouyr l'accusé en response tout *Voy Bod.l. 4.cap.1.* aussi tost qu'il est faict prisonnier. Car comme l'on vient à se saisir du sorcier, Satan l'abandõné à l'instant, du moins il est tellemẽt surpris, qu'il ne sçait où il en est, si bien que pour lors il est plus facile de tirer la verité, de luy, que si l'on le laisse quelques iours en prisõ sans le voir, parce *Voy le c.41.* que son maistre ne faudra pas de le conseiller en ce dernier cas. Ce que les Iuges sçauent mieux que nul autre. D'autant que tous les sorciers confessent mesme que Satan les assiste lors que l'on les interroge. Aussi a il esté remarqué qu'ils regardent tousiours contre terre, & qu'ils marmottent ie ne sçay quoy quand le Iuge parle à eux. Ce qui faict croire, que ce pẽdant ils communiquent auec le diable, pour prendre aduis de luy sur les responces, qu'il leur cõuient faire.

ARTICLE VIII.

Spranger, & Bodin instruisent le Iuge sur les interrogats qu'il doit former au sorcier, ausquels l'ō peut recourir. I'adiousteray que le Iuge doit interroger son homme sans discontinuation, & le presser auec vne vehemēce de paroles, pleines neātmoins de douceur. Que s'il fait refus de respondre à quelque interrogat, il faut passer à vn autre, & puis reprēdre le premier, & repeter souuent les mesmes interrogats. Car par ce moyen il variera facilement, s'il est coulpable. *Spra. par. 3. q. 6. & seq. Bod. l. 4. c. 4.*

ARTICLE IX.

Il faut encores, que le Iuge demande à l'accusé s'il a eu des enfans, s'ils sont morts, & de quelle maladie. Par ce que l'on a recogneu que les sorciers voüent ordinairement leurs enfans à Satā, & que mesme ils les tuent dans le vētre de leurs meres, ou bien tout aussi tost qu'ils sont nez. *Psal. 95. 4. Reg. 23. Leuit. 18. Hier. 32. Voy le c. 47.*

ARTICLE X.

Le Iuge doit bien aduiser à la contenance que l'accusé tient en respondant, & mesme s'il ne iette point de larmes, regarde contre terre, s'il marmotte à part soy, s'il vse de blasphemes, & imprecations &c. Pour ce que toutes ces choses seruent d'indices, & presomptions contre luy, selon que nous dirons cy apres. *Voy les art. 35. 36. & autres suyuans.*

ARTICLE XI.

Voy Bod. liu. 4. cap. 1.

Et pour ce que le plus souuēt le sorcier a honte de confesser ses abominations deuant beaucoup de gens, & qu'il se craint encores quand il apperçoit, que l'ō redige ses responses par escrit c'est pourquoy il est bon que le Iuge demeure seul auec l'accusé, & qu'il face cacher le greffier & autres personnes dont il se voudra seruir.

ARTICLE XII.

Si le prisonnier est accusé par vn sien complice, il les faut tout aussi tost confronter : Car il n'y a rien qui rende vn sorcier plus esperdu, que de voir deuant ses yeux celuy qu'il a eu pour compagnon au Sabbat, mesmement si le complice demeure ferme & constant, & voire que l'on a profité quelquefois de supposer vn estranger non sorcier au confront.

Voy le c. 47. & l'art. 18. 19.

ARTICLE XIII.

Il faut ouyr souuentefois l'accusé en response.

ARTICLE XIIII.

Il y a des Iuges, lesquels recognoissans qu'ils ne peuuét rien tirer de l'accusé, ils luy font changer d'habits, & le font encores raser par tout, & ceste façon de faire n'est pas impertinente, à raison du sort de Taciturnité qu'ils portent caché sur eux. I'en ay parlé ailleurs plus amplement.

Au chap. 43.

ARTICLE XV.

Il y en a d'autres, qui practiquent le bain. Mais ie me doute qu'en cela l'on ne tẽte plustost Dieu, que de faire chose, qui serue cõtre celuy que l'on baigne. D'autant que Satan peut tirer au fond le coulpable, & supporter sur l'eau l'innocent, afin de faire mourir mal a propos le dernier, pour garantir le criminel. Aussi de plus, tel bain est reprouué par les canõs, tout ainsi que le fer chaud, & mesme que le suffragan de Tresues, dict que l'on peche en le practiquant.

C. Mennam. c. consuluisti. 2. q. 5. c. si. de purg. Canon. Binsfeld. De conf. malef. sub. 3. dub. prin. pp. prel con. & vult. in 1. dub. Ad idem.

ARTICLE XVI.

C'est autre chose, si l'on faict visiter l'accusé par tout le corps, pour recognoistre s'il a point

Thyos de dæmon. part. 1. chap. 19.

de marque sur luy: car cela est licite, & permis à raison que tous les sorciers sont ordinairemẽt marqués, mais il faut auoir vn Chirurgien bien expert, pour ce que telles marques sont fort difficiles à trouuer. *Voy le c. 44.*

ARTICLE XVII.

Si le Iuge ne peut rien tirer de l'accusé, il le doit faire reserrer en vne prison fort obscure, & estroitte. Par ce que l'on a experimenté, que la rigueur de la prison contraint le plus souuent les sorciers de venir en confession, mesmement si ce sont ieunes gens.

ARTICLE XVIII.

Il est bon aussi de supposer quelqu'vn, qui se dise prisonnier pour le mesme crime, afin d'induire le sorcier par toutes voyes licites de confesser la verité. *Bod. l. 4. c. 1.*

ARTICLE XIX.

Car l'on a mesmes profité quelquefois de loger le sorcier aupres de celuy qui l'auoit accusé, selon qu'il s'est veu en Thieuenne Paget. Mais ie ne conseilleray iamais au Iuge de tenter ceste voye, si ce n'est à toute extremité, & qu'il soit encores bien asseuré des complices. D'autãt que l'on a veu que les sorciers ont souuẽtesfois desbauché leurs accusateurs, iusques à les faire retracter. *Voy le c. 47.*

ARTICLE XX.

L'on a veu des Iuges, lesquels sous promesse d'vne impunité ont tiré la verité des sorciers, & n'ont delaissé par apres de les faire mourir. Ce que plusieurs practiquent pour le iourd'huy, & est telle practique approuuée par la commune

Clar.li.5. §. fi.q.55.n.7. 8.&seq. opinion des Docteurs en droit ciuil. Toutesfois ie me doute qu'elle ne soit pas des plus asseurées en conscience. Pourautant qu'il ne nous est pas loisible de deceuoir en aucune façon nostre prochain par mensonge. Ioinct qu'il ne nous faut iamais faire mal sous couleur d'vn bien, qui en peut aduenir, comme dict S. Paul. Aussi ceste opinion est reprouuée par les Theologiens, & Binsfeldius le refute bien amplement contre Bodin.

Psal.14. Prou. 6. Sap.1. Eccl. 7. Binsfel. de conf.malef. 3. dub.princ. post prælud.

ARTICLE XXI.

Mais sur tout, il faut que l'Aduocat de la partie se donne bien garde de faire comme vn que ie cognoy, lequel tira subtilement la verité d'vne sorciere, & puis descouurit le faict au Iuge. Surquoy le Iuge cõfronta l'Aduocat à la sorciere, qui confessa. Car il est certain qu'il n'est pas permis à l'Aduocat de reueler le secret de la cause au preiudice de sa partie, & mesme que les Theologiens tiennẽt, que celuy qui le faict ainsi peche mortellement, si le preiudice que la partie en reçoit, est notable. L'Aduocat se doit bien deporter de la defense de la cause, mais sans rien descouurir, qui puisse nuire à sa partie, c'est l'opinion de S. Thomas approuuée par le Nauarre.

Nauar.in manu.c.25. n.29.

2.2.q.71.ar. 3. d.c.25.n.28.

ARTICLE XXII.

Voy le c. 43.

Le Iuge doit euiter la Torture autant qu'il luy est possible. Par ce qu'outre le sort de taciturnité que les sorciers portẽt sur eux, ils ont encores des receptes pour empescher qu'ils ne sentent aucunes douleurs. Ce que tous les autres criminels sçauent si bien practiquer, que pour le iourd'huy la Torture est presque inutile. Et en ce qui est de particulier aux sorciers : Spranger escrit qu'il y a autant de peine d'appliquer vn sorcier à la question, comme il y a d'exorcizer vn demoniaque. *part. 3. q. 1. sup. in fin.*

Article XXIII.

I'ay dict, que les sorciers, & autres criminels, se seruoient de certaines receptes contre la torture: Mais ie n'entens pas compredre entre ces receptes les passages, & versets de la saincte escriture dont ils vsent pour la plus part. D'autant que c'est vne impieté de croire que tels passages leur aydent à supporter les douleurs de la question, veu que Dieu ne peut estre autheur de l'impunité de leurs malefices. *Voy le c. 43.*

Article XXIIII.

Aussi doit le Iuge reietter la façon de faire superstitieuse, que quelques vns obseruent pour penser tirer la verité de ceux, qui sont appliqués à la torture en leur disant certains mots en l'aureille, dont parle Marsilius, lequel luy mesme l'a prattiquée, selon qu'il dict. *In pract. cri. § nunc vidédum nu. 52.*

Article XXV.

Il est loisible en ce crime d'appliquer l'accusé à la Torture à vn iour de feste, quand bien mesme le iour seroit ferié en l'honneur de Dieu. *l. nemo. de Episc. audien. c. l. prouinciarum de fer. C. Cler. §. fin. q. 64.*

Article XXVI.

Si l'on est contraint de venir à la question, le Iuge doit bien peser s'il y a matiere suffisante pour y appliquer l'accusé, prenát esgard aux indices, coniectures & presomptions qui sont cótre luy: Car l'on ne peut donner en cecy vne regle, qui soit certaine, & asseurée pour la varieté des faicts & des personnes. Toutesfois i'é mettray quelques vnes des plus communes. *C. Clar. §. fin. q. 64. nu. 13.* *Binsfel. de confess. male. 2. memb. sub conclus. 1.*

ARTICLE XXVII.

Premierement la confessiõ, qui est faicte hors iugemẽt est suffisante pour paruenir à la torture cõtre celuy, qui est accusé de sorcelerie. Ce que l'on obserue aussi aux autres crimes. Et faut passer outre, quand bien l'accusé auroit reuoqué sa confession extraiudiciaire suiuant l'aduis de Iulius Clarus, Pource qu'autremẽt toutes les confessions, qui se feroient hors iugement, seroient de nul effect. Mais principalemẽt ceci doit auoir lieu au crime de sorcellerie, attendu que c'est vn crime excepté, & duquel la preuue est fort difficile. Il faut dire le mesme, si l'accusé à confessé deuant vn Iuge incompetant.

Neantmoins si la confession auoit esté faicte erronément, & que l'accusé s'offrit de verifier l'erreur, il faudroit superseder, & l'ouyr, *Neque enim videtur fateri qui reat.*

ARTICLE XXVIII.

Secondement, la confession d'vn sorcier est vn indice suffisant pour paruenir à la torture cõtre son complice, si telle confession est assistée de quelque autre presomption, & indice.

Et bien q̃ la cõmune opiniõ des Docteurs soit que le complice en ce cas faict point de foy, si ce n'est qu'il maintienne sa confession à la torture, si est-ce que cela ne se practique pas en ce pays, non plus qu'en plusieurs autres endroits. Qui est vne chose, que ie trouue conforme à la raison. Car qu'est-il de besoin de faire reiterer à la torture vne confession, qui aura esté faicte volontairement hors icelle veu que la confession volõtaire est tousiours de plus grand poids, que celle

Glos. in l. capite quinto de adul. Menoc de præsumpt. l. 1. q. 89. nu. 14. Binsf. ad l. 4. de malef. C. Masc. de probat. cõc. 349. n. 6. vel. 1. Car. n. prat. in 7. indic. Clar. § . fi. q. 21. in 31. Boer. dec. 90. nu. 4. Gram. voto. nu. 16. clar. d. q. 21. n. 30. 33. l. nõ fatentur de conf. latè per Iacob. de bel. vis. tit. de Quæst. n. 58. Clar. § . fin. q. 21 nu 8. Boss. tit. de indic. n. 149. Carer. in pr. in 8. indic. Binsfeld. de conf. malef. membr. 2. co. cl. 3. 4. 5. Clar. d. q. 21. nu. 11. Binsf. concl. 6.

celle qui est faicte à la question: *Quæ etiam dicitur probatio minus legitima.*

Nauar. consi. 1. de iud. l. 2.

ARTICLE XXIX.

Tiercement la familiarité, & accointance, que l'accusé a auec le sorcier estant aidée de quelque autre adminicule ou indice, est bastante au mesme effect. Ce qui est fondé en la saincte Escriture, qui denote, *que le bon faict le bon, & le meschant le meschant.*

Car in pract. in 25. ind. Me. noc. li. 1. d. præs. q. 8. n. 125. Masc. d. l. probat. concl. 451. n. 4. vol. 1. Binsf. ad c. fin. de mal. Psal. 17. Prou. 13.

ARTICLE XXX.

En quatriesme lieu, les menaces precedentes suiuies de l'effaict, sont suffisantes pour faire que l'on passe à la Torture.

ARTICLE XXXI.

En cinquiesme lieu, si l'accusé se trouue saisy de quelques poudres, ou gresse, cela est vn indice pour la Torture, mesmement s'il ne peut rendre raison de telles poudres ou gresses: Car l'on sçait assez, que les sorciers se seruent ordinairement de semblables drogues en leurs malefices.

Car. § fin. q. 21. n. 37. Menoch. d. q. 89 n. 59. 60. car. in pract. in 1 ind. Binsf. ad 2. l. 7. q. 3. de malef. c. 3. Binsf. ad l. fi. de malef. c. Voy les c. 23. 24. & l'art. 4.

ARTICLE XXXII.

En sixiesme lieu, le bruit commun, ioinct à d'autres indices, est aussi suffisant à mesme effect. Et me semble qu'il n'est pas necessaire que l'on obserue exactement en ce cas les circõstances qui sont requises pour la verification d'vne cõmune femme és autres crimes, puis que le crime de sorcelerie est de ceux que l'on appelle exceptez, & que la preuue en est tresdifficile: autrement le bruit commun ny seruiroit iamais de rien, par ce qu'il est si malaisé à prouuer, que les Iurisconsultes mesmes estans produits pour tesmoins se trouueroiét bien empeschez d'en ren-

Clar. §. fin. q. 21. n. 1. car. in pract. in 2 in dic. Men. de præsump. liu. 1. q. 89. n. 28. Bod. lib. 4. c. 4.

§ fin. q. 6. n. 18.

dre vne bonne raison, comme dit le Clarus.

Mascar. in pract. §. Diligēter n. 19. gāde. de malef. t. de quæs. n. 39. Augusti. ad Angel. in verb fama publica post. 14. nu. 41.

Et pour cela aussi nous voulons des indices auec le bruit commun, afin de suppléer au deffaut de tant de circonstances : car autrement la commune fame deuëment verifiée seroit seule suffisante pour paruenir à la Torture suyuant l'opinion de plusieurs.

ARTICLE XXXIII.

Mascar. in d. c. diligenter nu. 74.

En septiesme lieu, les mensonges, & variatiõs aux interrogats, assistez d'autres adminicules, & indices seruent de mesme indice suffisant pour la Torture.

ARTIGCE XXXIIII.

Car. in 5. & 6 indic. Menoc de præscr. l. 1. q. 89. ad l. fi. de malef. c. Lācel. de offic. præt. c. de negat. cri. nu. 29 Binsfeld. memb. 2.

Finalemēt s'il y a plusieurs indices ensemblement, que les Docteurs appellent indices legers, cela est aussi bastant pour estre procedé à la question : *Nã quæ non prosunt singula, multa iuuant.*

ARTICLE XXXV.

Les indices legers, dont nous venons de parler, sont:

Glos. l. 2. infi. de eden. c. glo. l. instrumēta de probat. c. Bod. lib. 4. c. 4.

1. Si l'accusé lors que l'on l'oit principalement en responce, iette les yeux fixément contre terre.

Il y en a, qui disent le mesme si l'accusé a le regard affreux: & se fondent sur l'opiniõ de ceux qui ont tenu, que de la mauuaise physiognomie d'vn homme, l'on peut tirer vn indice contre luy suffisant pour l'appliquer à la question.

Voy le c. 41.

ARTICLE XXXVI.

Mars. in pra. §. expeditā. 53. Menoc. l. 1. de præs. q. 89. n. 130. ca. rer. in 29. indic.

2. Si l'accusé est né de parens sorciers : car ie prens cecy seulement pour vn indice leger, encores que Bodin tienne pour vne regle presque infaillible, que le fils est sorcier, si le pere est tel, ou bien la mere. Mais l'on a veu souuentefois, qu'vn mauuais pere a eu de bons enfans, & au

Voy le c. 47.

contraire, qu'vn bõ pere a eu de mauuais enfans & le Poëte dict que *Pauci filij similes patri sunt.* liu. 4. c. 4. Hom. li. 2. Odyss.

ARTICLE XXXVII.

3. Si laccusé est marqué. Dan. au 4. point. Bod. l. 4. c. 4. Binsf. ad l. 7. de malef. C.

ARTICLE XXXVIII.

4. Si l'accusé est ordinaire de se depiter, blasphemer, & faire autres execrations: *Cum sit enim timida nequitia dat testimonium condemnationis*, selon que dict le Sage. Et Ciceron, *magna est vis cõscientiæ, vt nec timeant, qui nihil commiserunt, & pœnam semper ante oculos versari putent, qui peccauerũt.* Voy le c. 44. Simã. in com. cath. inst. liu. 8. de blasph. facit. Menoc. de præs. liu. 1. q. 19. nu. 71. Sap. 17. in orat. pro. Milo.

ARTICLE XXXIX.

5. Si l'accusé fait semblant de pleurer, & neãtmoins qu'il ne iette point de larmes, ou qu'il en iette bien peu: encores que Bodin escriue que cest indice soit l'vne des plus fortes presomptions que les inquisiteurs, & Paul Grilland ayẽt remarqué aux sorciers. Voy le c. 40. Liu. 4. ch. 4.

ARTICLE XL.

6. Si l'accusé n'a point de Croix en son chappelet, ou biẽ si la Croix mãque en quelque chose. Voy le c 39.

ARTICLE XLI.

7. Si l'on a reproché quelquefois à l'accusé, qu'il estoit sorcier, & qu'il ait laissé passer ce reproche sous silence sans s'en resentir par iustice, ou autrement. Maresc. in pract. l. diligẽter. n. 137.

ARTICLE XLII.

8. S'il demande d'estre rebaptizé, car comme le diable fait renoncer aux sorciers leur baptesme, & qu'il les faict encor baptizer en son nom, c'est pourquoy venãs à tomber entre les mains de la Iustice ils demandent tout aussi tost d'estre rebaptizez. Ce que nous auons remarqué Menoc. liu. 1. de præs. q. 19. n. 129 Binsf. ad l. fin. de mal. C.

en vn autre endroit.

Article XLIII.

Si l'accusé confesse à la torture, il luy faut faire geminer ces confessions quelque temps apres comme de vingt-quatre heures, en vn autre lieu que celuy de la torture. Mais il est bien necessaire que l'on se donne garde que quelqu'vn de ses complices ne parle cependant à luy afin qu'il ne le desbauche.

Clar. §. fin. q. 64. n. 40. 41. Marsil. l. 1. §. Diuus Seuerus nu. 6. de qu. iij. Belin en son discours du parricide. Bod. lib. 4. c. 4.

Aussi est il bō de ne le laisser pas seul, de crainte que Satan ne le vienne semblablement conseiller.

Article XLIIII.

Bar. l. vnius. §. Reus de q. Blanc. de indic. n. 219. Boss. tit. de tort. nu. 34.

Que s'il se retracte, il le faut de nouueau applicquer à la torture, ce que le Iuge peut faire iusques à trois fois, & non plus.

Article XLV.

Clar. § fi. 9. 21. nu. 36. Grillan. de qu. q. 9 n. 11. Boer. decis. 163. n. 15. videt Clar. §. q. & 21. n. 35. fin. q. 62. nu. 2. atque iterum q. 64. n. 38.

Et lors si l'accusé persiste tousiours à la negatiue, il le faut renuoier. Mais le doute est grand, s'il le faut renuoyer à pur, & à plain, ou bien iusques à r'appel.

La commune opinion des Docteurs disputās sur les autres crimes, est qu'il faut renuoyer le criminel à pur, & à plain, si tous les indices, qui faisoient contre luy, sont entierement purgez, sinon, iusques à r'appel.

Mais ie seray tousiours d'aduis, que celuy, qui est accusé de sorcellerie ne soit iamais renuoyé à pur & à plain, quelque torture qu'il ait soufferte, s'il reste le moindre indice contre luy. Et la raison en est bonne, d'autant que nous auons veu que celuy, qui s'est vne fois baillé au diable, ne se peut pas facilement retirer de ses liens, tel-

Voy le c. 51. 8.

lement qu'estant retenu par la iustice, il se contiendra mieux de mal faire.

ARTICLE XLVI.

Toutesfois, si les indices estoient tres vrgẽts, & presque indubitables, le iuge pourroit passer à condemnation cõtre l'accusé, nonobstãt qu'il eust souffert la torture, non pas pour le condemner à la peine ordinaire des sorciers, mais à vne autre extraordinaire, comme d'vn banissement, &c. Selon qu'il se prattique en quelques contrees és autres crimes.

Clar. § fin. q. 64. nu. 38. Pa. l. 24. tit. 9.

ARTICLE XLVII.

Au reste si l'accusé ratifie hors la torture la cõfessiõ qu'il aura faicte en icelle, le Iuge là dessus le doit appointer à descharges, non pas tãt pour reprocher les tesmoins, qui pourroient auoir deposé contre luy, que pour dire contre sa confession: car il peut monstrer, qu'elle est erronée, & en ce cas il le faudroit rẽuoyer quitte, & absouls. C'est vne practique laquelle s'obserue en plusieurs prouinces, non seulement pour le regard de la confession, qui est faicte à la question, mais encore de celle qui est faite volõtairemẽt, & sans torture, cõme nous auons dict aillieurs.

Clar. d. qu. 64. n. 44. & q. 65. nu. 1. Belin en son discours du Parricide.

ARTICLE XLVIII.

Que si l'accusé ne peut monstrer que sa cõfession soit erronée, lors l'on passe à condemnatiõ contre luy, quoy qu'il s'en departe par apres.

Ie parle de la confession qui est faicte à la torture, ou bien en iugemẽt: Car pour celle qui est faicte hors iugement, la question y affiert seulement, encores que Bodin tienne que l'vne, & l'autre est bastante pour passer à condemnation

Li. 4. c. 4.

en ce crime. Mais ceste opinion est trop rude, veu qu'il nous eschappe souuentesfois de dire beaucoup de choses hors iugement cōtre nous mesmes, qui ne sont pas veritables. Aussi la loy ne s'y arreste pas pour y asseoir vne preuue entiere, soit en ciuil, ou en criminel.

l. Certum cō-fess. §. si quis absente de conf. d. Cla. § fin. q. 55. n. 1.

ARTICLE XLIX.

Pour le regard de la cōfession, qui est faicte en iugement sans torture. Il est certain, que selon le droit escrit elle doit faire preuue pour passer à condemnation & la commune opinion de nos Docteurs est telle.

l. qui sententiam de pœn. c.

Bien est vray que le iuge ne doit pas delaisser d'admettre le defēdeur à ses descharges pour les raisons cy deuant deduites.

Clar. § fin. q 65. nu. 1. En l'art. 46. l. Si quis vltrò. De quæstio. D. l. Non tantū de appell. D.

Mais il faut, qu'il y ayt quelques adminicules auec la confession, car la confession seule ne suffiroit pas. *Si quis vltrò fateatur, nū semper ei fides habenda est, nonnunquā enim aut metu, aut aliqua de causa in se confitentur*, dict la loy, & ailleurs il est dict que *Volens mori non auditur.*

I'ay dict, qu'il faut qu'il y ait quelques adminicules auec la cōfession. Parce qu'il n'est pas requis qu'il coste ouuertemēt de la mort de quelque personne, ou de quelque bestail, ou biē que le defendeur ait esté au Sabbat, veu que les sorciers besongnent seulemēt de nuict, & en secret, selon que nous auōs monstré autrepart en plusieurs lieux. Si bien que pour autāt la preuue, de tels actes seroit impossible parlant cōme le Iurisconsulte faict en quelque endroit.

Bod li. 4. c. 3.

Quant aux adminicules, l'on en baille les exēples suiuans, sçauoir, si le defendeur est preuenu, s'il est soupçõné, s'il est tenu pour tel, & me semble que les indices, dont nous auõs parlé cy dessus, ne seroient que trop suffisans en ce cas. De artic. 27. 28. & autres suyuans.

Article L.

Aussi n'est-il pas necessaire que la confession du defendeur faicte spontauément en iugement soit geminée, ou reiterée. Guid. pap. q. 339 Iacob. de Bell. vis. in pract. tit. De quæst. n. 97. clar. d. q. 65. nu. 2.

Article LI.

Et on le defendeur denieroit sa premiere confession, il s'y faudroit neantmoins arrester, à cause qu'il s'est recogneu, que le diable instruit les sorciers en la prison, & les fait le plus souuent retracter de leurs premieres confessions, comme tresbien l'a remarqué Bodin, & que ie l'ay experimenté plusieurs fois. Voy l'art. 7. Lib. 4. c. 3.

Article LII.

Semblablement l'on passe à condemnation contre l'accusé, lors qu'il est legitimemẽt conuaincu par vn suffisant nombre de tesmoings.

Et sont toutes sortes de gens receus à tesmoigner en ce crime, comme les cõplices, ce qui est fondé en raison. D'autant que tel crime est l'vn des crimes exceptez, esquels les complices d'vn mesme faict, font preuue les vns cõtre les autres. Ioint que le crime de sorcelerie se cõmet le plus souuẽt de nuict, & tousiours en secret. Aussi qui peut mieux deposer des sabbats, & assemblées nocturnes des sorciers, que les sorciers mesmes? Car c'est chose asseurée, que les gens de bien ne s'y trouuent iamais, si ce n'est fortuitement. Bod. l. 4. c. 2. Binsfel. De cõfes. 2. mẽb. conclus. 1. Glo. l fin. De accus. c. DD. c. Quoniam de Testib.

Article LIII.

De là vient encores, que le fils est admis à porter tesmoignage en ce crime contre le pere & le Bod. & Bins. vbi sup. voy le ch. 48.

L. Parētes de testib. C. DD in d. l. parētes & in l. quisquis ad l. Iu. maiest. c. in fidei. c. accusatus. §. verò de hær. in 6. Mal. malef. par. 3. q. 4. Mall. malef. par. 3. q. 5. Bod. liu. 4. c. 2.

pere contre le fils, & consequemment les autres parens & aliez les vns contre les autres, biē que le droit escrit repreuue to' ces tesmoignages és autres crimes, si ce n'est au crime de leze maiesté.

ARTICLE LIV.

De là vient aussi que les personnes infames, & autremēt reprochables de droit, sont receues à porter tesmoignage au crime de sorcelerie.

ARTICLE LV.

Mesmes, que les ennemys y sont admis, si ce n'est qu'il y ayt vne inimitié capitale entr'eux, & l'accusé.

ARTICLE LVI.

Voy le c. 47.

Il ne faut pas encores reietter en ce crime le tesmoignage des enfans qui n'ōt pas atteint l'aage de puberté. D'autāt qu'il s'est recogneu, que les sorciers conduisent ordinairemēt au sabbat leurs enfans quelques ieunes qu'ils soient, comme aussi ceux de leurs voisins, & voire s'en est-il trouué qui les y ont porté pour leur trop bas aage : Mais comme ne feroient-ils cela, puis que mesme ils les voüent, & consacrent au Diable, estants encore au ventre de leurs meres? Par ainsi il faut ouir ces enfans, attendu que le crime est secret & couuert, & qu'il n'y a personne qui en puisse mieux deposer, que ceux qui ont assisté au sabbat, & assemblée des sorciers.

ARTICLE LVII.

Bod. li. 4 c. 2. Innoc. c. qualiter. de accu. glo. l. Ob carmē. § fin. D. testib.

Et pour les mesmes raisons, les tesmoins font foy en ce crime, biē qu'ils soiēt singuliers, moyénant toutesfois, qu'ils soyent tous vniuersels au crime de sorcelerie. Ce qui s'obserue aussi és autres crimes exceptez.

ARTICLE LVIII.

Nous auons dict, que les complices font foy les vns contre les autres, pour estre procedé à condẽnation. Or celà est vray, moyennãt qu'il y entreuienne deux choses auec l'accusation. La premiere, que les cõplices accusateurs meurent contrits & repentans, par ce qu'il n'est pas vray-semblable, que mourants de la façon, ils veulent charger vn autre à tort pour se damner miserablement. C'est la raison que prent l'Hyppolitus de Marsilis en son conseil cent neuf, où il vse de ces mots, *Morituri*, dit il, *ipsi magis timent mentiri, & offendere maiestatem diuinam quam alio tempore.* Le Bartole passe plus auant, & dict que, *Propter mortem creditur testi tanquam verum dicenti, cui alias non crederetur.* Et sert beaucoup à cecy ce que dit Binsfeldius, sçauoir, qu'il ne se trouuera pas vn sorcier entre cent, qui accuse vne personne mal à propos, ce que i'ay moy-mesme experimenté.

Arg. l. fin. ad l. Iul. repet. c. Incip. audito & intellecto nu. 33. 39. Inl. admonẽdi. nu. 41. su. fin. de ieiun.

La seconde chose requise auec l'accusation. C'est qu'il y ait suffisant nombre de complices pour tesmoins: car puisque pour leurs crimes, ils ne sont pas maieurs de toute exception, s'ensuit que le defaut, qui est en eux, pour ce regard doit estre supplée par vn nombre, qui surpasse l'ordinaire, qui n'est q̃ de deux. Mais Bodin, qui veut aussi cecy ne definit point le nõbre, & semble qu'il delaisse le tout à l'arbitrage du Iuge. Consideration, qui est bien prinse & fondée sur la doctrine du I. C. Callistrate.

De confess. malef. mẽb. 2. conclus. 1. Glos. l. 3. §. eiusdem quoque in verb. num Detest. Chass. tit. des forests. §. 5. gl. Sinon par parcours. nu. 8. 9. L. vbi numerus. De test. Lib. 4. c 2.

Toutesfois ie voudroy en ce cas quatre tesmoins, afin que les deux seruissent pour vn, & les quatre pour deux. Ce qui est en conformité des

L. 3. §. Qua argumenta. De testib.

ordonnances de Venise, & de tout l'Orient, par lesquelles il faut deux femmes pour le tesmoignage d'vn homme, & quatre femmes pour deux tesmoings.

Article LIX.

Et ou les tesmoings complices ne seroient en tel nombre que nous auons dict, lors l'on ne pourroit passer à condemnation, si ce n'estoit qu'il y eust en outre quelque presomption tres-vrgente, comme sont celles qui suffisent à la torture, dont nous auons tantost parlé.

Article LX.

L'on peut voir en partie au second chapitre de la Demonomanie de Bodin, au liure quatriesme, & en Binsfeldius, les autres preuues qui sont bastantes pour paruenir à condemnation contre l'accusé au crime de sorcelerie.

Article LXI.

Quelquefois l'on faict seulement ouuerture de prison à l'accusé. Sçauoir lors qu'il a esté detenu par vn bien long temps, & que la matiere n'est pas disposée ny a vn renuoy, ny à la mort, pour estre les preuues grãdes & nõ telles neantmoins, que l'on puisse passer à condemnation, & cependant l'on informe plus amplement contre l'accusé, en quoy il y va beaucoup de l'arbitrage du Iuge.

Article LXII.

Or la peine ordinaire des sorciers, est, qu'ils soiẽt bruslez. Mais le doute est, s'ils d'oiuẽt estre bruslez tous vifs, ou bien si l'on les doit premierement estrangler. Il y a des Docteurs, qui ont tenu l'vne & l'autre partie.

Voy Bod. li. 4. & 5.

La derniere semble estre plus raisonnable, afin que le criminel n'ait point d'occasion de se desesperer pour la grauité du supplice. Ce que le Couarruuias, & plusieurs autres appreuuent, disants, que l'vsage est tel en toute la Chrestienté.

Li. 2. variar. c. 10. num. 9. clar. § fin. q. 99. nu. 7.

Mais neantmoins, ie sçay que la practique est autre en ce pays pour ceux, qui se mettent en loup, & qui tuent en ceste forme quelques personnes. Car ceux-là sont bruslez tout vifs, & ainsi la Cour l'a iugé plusieurs fois.

ARTICLE LXIII.

Toutesfois la peine ordinaire des sorciers n'a pas tousiours lieu. D'autant, que si l'on a affaire à vn enfant, qui n'ait pas attaint l'aage de puberté l'on le doit seulement cõdemner au foüet, selon Bodin, Binsfeldius passe plus auant, & dict que l'on ne doit iamais proceder a condemnation contre vn, qui n'a pas attaint les seize ans.

Bod. l. 4. c. 5. ex l. auxiliū. de minor. D. Binsf. ad l. 5. q. 1 sub. 5. obiec. de malef. C. confert auth. Si captiui cum glos. De epist. C.

Mais ie suis bien d'opinion contraire: Car i'estime, que non seulemẽt il faut faire mourir l'enfant sorcier, qui est en aage de puberté, mais encores celuy qui est au bas, si l'on recognoit, qu'il y ait de la malice en luy. Bien est vray, que ie ne voudroy pas practiquer en ce cas la peine ordinaire des sorciers, mais quelque autre plus douce comme la corde, &c.

Mes raisons sont. 1. L'enormité du crime, qui est le plus detestable de tous les crimes, que l'on pourroit excogiter: Car l'atrocité du crime est cause que l'on trãsgresse les regles ordinaires de droict. D'où vient, que les enfans és crimes atroces sont bien souuent punis de mort pour leurs peres, sans que l'on ait esgard à leur ignorance.

Tira. de pœ. caus. 40. nu. 16. 17. & seq. c. paruulos 1. q. 4.

& à d'autrefois l'on passe iusques là que de faire mourir les bestes brutes, tout ainsi que si elles auoient de la raison. Ie laisse ce qui se practique à l'édroit des enfans de ceux, qui sont conuaincus du crime de leze-Maiesté.

Qua de re in l. quisquis ad l. Iul. maiest. c.

Dauantage, & en second lieu, nous auons veu que celuy, qui s'est vne fois ietté dans le piege de Satan, ne s'en peut iamais retirer sinon fort difficilemét. D'où i'infere, qu'il vaut mieux condéner à mort les enfans sorciers, que de les laisser viure d'auantage au grād mespris de Dieu, & interests du public. Ie sçay bien, que Binsfeldius n'approuue pas ceste cōsideratiō, veu que Dieu comme il dict, à tousiours les bras ouuerts pour receuoir le criminel à misericorde. Mais ce que nous auons mis en auant des sorciers s'est recogneu par experience, & cela se faict, selon que ie croy, par vn secret iugement de Dieu.

Voy le c. 51.

De confessio male. in prin. 5. prælud. ad Rom. 5. 21. Spin. qu. de Strig. c. 20. Remig. lib. 3. c. 8.

Troisiesmement ie me fonde sur la Loy. *Excipiuntur*, qui punit de mort vn enfant qui n'a attaint la puberté, pour n'auoir pas crié lors que l'on tuoit son maistre.

ad Syllan. D.

Suyuant laquelle on a donné plusieurs arrests de mort contre des enfans, qui n'auoient encore atteint les douze ans.

Voy Bod. l. 4. c. 5.

Finalement, i'ay l'exemple memorable des 42. enfans de la cité de Bethel, que deux Ours deuorerent, pour ce qu'ils s'estoient mocqué d'Elisee: Car si Dieu a eu à si grand contre-cœur l'iniure faicte à son Prophete, que doit-il faire lors qu'il est luy-mesme indignemét outragé, & renié, veu qu'il est si ialoux de sō hōneur? Ie me doute fort, qu'il ne s'attaque aux iuges, ausquels

4. Reg. 2.

il delaiſſe la charge de le venger du tort que l'on luy fait icy bas.

Article LXIIII.

Mais ſi le pere auoit contraint ſon fils encore ieune d'aller au ſabbat, & de ſe bailler au diable, lors ie iugeroy le fils digne du foüet, ou d'vn bãniſſement, d'autant qu'és crimes les plus atroces la neceſſité que l'on a d'obeyr, excuſe pour doucir la peine.

l. Sed etſi vnius. § ſi iuſſu domini de iniur. l. ad ea de reg. iur. latè Tiraq. de pœn. cau. 34. n. 1. 2. 3.

Ie n'ay pas voulu dire, que le fils eſtoit digne en ce cas de la peine ordinaire des ſorciers, parce qu'eſtant contraint d'aller au Sabbat, & de renier Dieu, il n'y a point de volonté libre de ſon coſté pour ſe rendre ſorcier, & par ce moyen il eſt exempt de la peine ordinaire des ſorciers. Mais il ne faut pas pour autãt inferer de là : qu'il ne ſoit puniſſable d'vne autre peine extraordinaire, ſi l'on conſidere qu'il n'eſt permis pour quelque effort, que l'on nous face de renoncer Dieu. Ioinct que la choſe eſt de mauuaiſe conſequence & comme parle le I. C. *Mali exempli.* Auquel cas la Loy punit le coulpable non ſeulement d'vn banniſſement, & confiſcation de ſes biens, mais encore quelquefois de mort, bien qu'il n'y ait point de dol de ſon coſté.

Matth. 10.

l. 3. § ſed ex Senatus cõſ. De Sicca. l. ſi quis aliquid § Qui abortionis de pœn. D.

Article LXV.

Ce que i'ay dict au precedent Article ſe doit entendre, quand le fils a eſté ſeulement vne fois, ou deux pour le plus au Sabbat. Mais s'il y auoit eſté par reiterées fois, alors il meriteroit d'eſtre puny de mort, pour ce que la diuerſité de tant d'actes, mõſtre vn cõſentemẽt & mauuaiſe intẽtiõ, meſmemẽt ſi le fils eſt deſia capable de dol.

Arg. l. baliſta ad S. C. Treb. D. & l. ſi mulier ad S. C. Velleia. C. Iaſ. in l. cũctos populos, n. 21. de Sũ. Trin. & fide cath. C.

Article LXVI.

Il faut iuger de la fille tout de mesme, que du fils, comme aussi du seruiteur, qui obeit en ce cas à son maistre: Car il y a mesme raison pour tous.

l. illud ad l. aquil. D. cum similib. Emerar. in loco à simili.

Article LXVII.

Il conuiét encores remarquer, qu'au crime de sorcellerie, il est loisible de passer quelquefois à condamation sur des indices, & coniectures indubitables, ny plus ny moins, qu'il se faict es autres crimes atroces, qui se cómettent en secret.

Brun. de indic. qu. 4. 1. par. nu. 7. cl. 8. fin. q. 20. nu. 5. 6.

Et quoy qu'il y en a qui tiennent que la peine en ce cas là doit estre extraordinaire, comme du foüet, ou d'vn bannissement.

Binsf. de cōf. 3. dub. princ. post prælud. concl. 7.

Neantmoins ie ne ferois point de difficulté de faire mourir l'accusé, nō pas de la mort ordinaire des sorciers, mais de quelque autre plus douce & d'autát mesme que le semblable se practique és crimes d'assassinat, & d'heresie, qui sont moindres en enormité, que celuy de sorcellerie.

Clar 8. assasinium nu. 6. & 8. hæresis nu. 20. atque iterum clarius 8. fin. q. 20. nu 7.

Article LXVIII.

Le Iuge pour bien faire doit assister auec le greffier à l'executiō, qui se fait du sorcier, pour recognoistre s'il se retractera point de ce qu'il aura dict precedémment touchant ses complices, & s'il en accusera quelques vns de nouueau, cōme aussi s'il mourra repētant, & contrit: car l'accusation, ou la confession, qui est faicte en ceste sorte en importe beaucoup, selon que nous auons monstré en vn autre endroit.

En l'art. 54.

Et d'autát que les sorciers n'accusent pas facilemét, leurs cōplices, pour ce que le diable leur en faict faire vn sermét solemnel au Sabbat selō

Au ch. 21.

que nous auons dict ailleurs. A ceste occasion il est bon que le Iuge en les interrogeant tōbe sur ce serment. Ce qu'il doit faire souuētefois pendant le trait de la cause. Car par ce moyen il les rangera plus aysément à la raison.

Article LXX.

Vn Iuge subalterne ne peut accorder à qui que ce soit le corps du sorcier, qui a esté executé pour estre inhumé en terre saincte, & mesme i'estime qu'vne Cour suprême ne le voudroit pas faire pour l'enormité du crime. Car c'est l'ordinaire és crimes atroces, que les corps des executez demeurent à la veuë de tous, pour seruir d'exemples, & d'horreur aux autres. Ce qui est neantmoins contre le precepte de Moyse au Deuteronome.

l. 1. de cadau. punito.

Cia. l. 5. § fi. q. 100. nu. 1.

Deut. 21.

Article LXXI.

Mais si le sorcier estoit mort en prison auant que sa sentence de condemnation luy fut prononcée, il le faudroit mettre en terre saincte, encore bien qu'il auroit confessé, moyennant toutesfois qu'il mourust contrit, & repentant, & qu'il en apparut. Ce que nous auons touché plus amplement ailleurs.

Au c. 49.

FIN.

APPROBATIONS.

IE sous-signé de la Compagnie du nom de Iesus, certifie d'auoir leu le Discours des Sorciers, dressé par M. Henry Boguet, grãd Iuge és terres de S. Claude, où ie n'ay remarqué chose aucune, contraire à la Religion Catholique, ny aux bonnes mœurs. Faict à Besançon ce 8. de Iuin 1601.

COYSSARD.

Visa attestatione suprascripta R. Patris Rectoris collegij Bisuntini excudatur liber hic. Bisuntini die octaua Iunij 1601.

I. DOROTHEVS.

IE sous-signé Docteur en la saincte Theologie, confesse auoir leu le liure intitulé, Discours des Sorciers, auquel ie n'ay rien trouué contraire à la Religion Catholique & Romaine, ny aux bõnes mœurs, ains plustost remply de plusieurs belles doctrines. Faict à Dole ce 13. en Aoust. 1601.

DE LA BARRE.

Nous sous-signés Docteurs en Theologie, ayans leu le present Discours des Sorciers, composé par M. Henry Boguet grand Iuge és ville & terre de S. Claude, &c. Attestons qu'il est digne d'estre mis en lumiere, & ne contient rien de contraire à la Religion Catholique Apostolique & Romaine. Faict au Conuent des Augustins de Lyon ce 4. de Septembre. 1601.

Fr. IEAN LE COMTE, Prieur des August.

Fr. AMED. BESSON. Aug.

VEu l'attestation desdicts Docteurs Theologiens, nous auons permis que ledit Discours soit imprimé. Faict à Lyon ce 7. Septembre. 1601.

CHALOM.

TABLES DES MATIERES ET CHOSES NOTABLES CONtenues au Discours precedent.

A.

O

B.

Fin de la Table.

www.ingramcontent.com/pod-product-compliance
Ingram Content Group UK Ltd.
Pitfield, Milton Keynes, MK11 3LW, UK
UKHW021130220726
13924UKWH00004B/1992

9 782019 911782